江苏省教育科学"十三五"规划重点课题"应用型本科院校智慧课堂教学模式的设计及应用研究——以电子信息类专业课程为例"成果
电子信息工程专业江苏省一流专业建设项目成果

面向智慧课堂的混合教学模式设计与案例分析

胡国兵　陈正宇　杨 莉　吴珊珊　等著

扫一扫查看数字资源

北　京
冶金工业出版社
2023

内 容 提 要

　　本书以智慧课堂为研究背景，结合应用型高校人才培养、专业课程体系及学情的特点，设计了基于弹性学习理论、首要教学原理及"互联网+口袋实验室"等三类混合教学模式，对学情分析、教学效果评价及课程思政的实施等相关问题进行了较全面的研究，并提供了丰富的应用设计案例。书中涉及的课程基本涵盖了理论课程、理实一体化课程及实践性课程等应用型高校的主要课程类型，具有较强的实用性。

　　本书可供高校教师、教育类专业高年级本科生和研究生阅读，也可供有关教学研究人员学习参考。

图书在版编目(CIP)数据

面向智慧课堂的混合教学模式设计与案例分析／胡国兵等著 . —北京：冶金工业出版社，2023.6

　　ISBN 978-7-5024-9539-8

　　Ⅰ.①面… Ⅱ.①胡… Ⅲ.①高等学校—网络教学—教学模式—研究 Ⅳ.①G642.3

中国国家版本馆 CIP 数据核字(2023)第 109787 号

面向智慧课堂的混合教学模式设计与案例分析

出版发行	冶金工业出版社	**电　　话**	(010)64027926
地　　址	北京市东城区嵩祝院北巷 39 号	**邮　　编**	100009
网　　址	www.mip1953.com	**电子信箱**	service@ mip1953.com

责任编辑　王　颖　美术编辑　彭子赫　版式设计　郑小利
责任校对　葛新霞　责任印制　禹　蕊
北京建宏印刷有限公司印刷
2023 年 6 月第 1 版，2023 年 6 月第 1 次印刷
710mm×1000mm　1/16；10.75 印张；207 千字；161 页
定价 99.90 元

投稿电话　(010)64027932　投稿信箱　tougao@cnmip.com.cn
营销中心电话　(010)64044283
冶金工业出版社天猫旗舰店　yjgycbs.tmall.com
(本书如有印装质量问题，本社营销中心负责退换)

前　　言

高等教育作为我国整个教育体系的龙头，其数字化转型已成为教育管理部门、学术界及教育信息技术产业界共同关注的热点，也是实现中国式高等教育现代化的重要任务。然而，当前我国教育数字化转型还处于初步发展阶段，从转型的理念到转型的实践，特别是如何落实到课堂教学这个人才培养的主阵地，是一线教师必须面对的现实问题，也是教学研究中亟待解决的理论课题。

针对教育数字化战略转型，著名教育信息化专家祝智庭教授提出了包含价值层、应用层、主体层及支撑层的"四层次框架"，其中应用层中包含智慧教学与评价、支持与服务两个行动域。显然，智慧教学与评价只有在智慧课堂的教学实践中才能真正落实。而混合教学模式作为智慧课堂教学的主要模式之一，成为从微观层面落实教育数字化转型的重要支点。该教学模式在新冠疫情期间已为各级各类学校普遍采用，为解决时空受限条件下的教学实施问题提供了有效途径。如果说新冠疫情倒逼了混合教学模式的推广与应用，那么在后新冠疫情时代，如何进一步融合新的信息技术要素与教育教学理论，已成为提高混合教学模式应用水平的新追求，也是人们对新时代高等教育的新需要。

本书是有关混合教学模式在高等院校信息类专业课程教学应用方面的著作，重点从混合教学模式的构建与案例分析两个方面，对理论、理实一体化及实践性环节课程的混合教学模式设计、实施中的相关问题进行了详细阐述。书中以作者近年来在应用型高校的教学与研究实践为基础，详细介绍了智慧课堂背景下专业课程混合教学模式的基本框架、实施方案及其效果评估等关键问题，关注了课程思政的教学设计与实施等相关问题，基本形成了较为完善的框架体系，可为提升混合教学模式的实际应用效能提供新的思路与参考。全书共 5 章，内容主要包括绪论、基于弹性学习理论的混合教学模式设计与实践、基于首要教学原理的混合教学模式设计与实践、基于"互联网＋口袋实验室"的混合教学模式设计与实践、混合教学模式实施中的教学测量与评价等。

本书的特点如下。

第一，充分关注了实践性课程的混合教学模式设计。本书将研究对象聚焦于应用型高校，该类高校对学生实践能力的培养更加关注，其课程教学课时中实验、实训及课程设计环节等所占比例较高。因此，本书结合作者的工作环境与条件，对实践性环节或课程的混合教学模式构建、实施进行了较充分的阐述。

第二，提供了较丰富的应用案例。本书的作者均为来自应用型本科、高等职业院校的一线教师、教学管理人员，具有较丰富的实践教学经验，对实际教学中的痛点、难点把握较准。因此，本书对所提出或设计的教学模式给出相应的实施案例，涉及的课程包括理论、理实一体化及实践性环节课程，可为教师开展教学改革提供较好的参考与启发。

第三，关注了课程思政的教学设计问题。讨论基于首要原理的混合教学模式设计时，从课程内容、考核评价等角度对课程思政的实施策略进行了介绍，并在微观教学设计案例中加以体现；介绍基于"互联网＋口袋实验室"的混合教学模式设计时，对如何从教材编写、教学组织与实施等环节有机融入思政元素也进行了阐述；同时，在附录部分还提供了一个完整的课程思政教学设计案例，这些可为专业课程教学中课程思政的实施提供参考与借鉴。

近年来，作者一直致力于高校混合教学模式的研究与探索，课题组得到江苏省教育科学"十三五"规划重点资助课题（B-a/2018/01/39），全国教育信息技术研究专项课题（186130062），江苏省高等教育教改研究课题（2019JSJG622、2015JSJG380、2019JSJG397），江苏省高校哲学与社会科学基金项目（2020SJB0201、2022SJYB0799），江苏省现代教育技术研究项目（2022-R-101689）、教育部产学合作协同育人项目（201801034025、202101220004）、电子信息工程专业江苏省一流专业建设点、南京市属高校"十四五"市级重点建设项目（基于"互联网＋口袋实验室"的电子类专业课程市级教学创新团队建设项目）、金陵科技学院校级一流课程、校级教学名师培养计划及校级课程思政示范课程等项目的资助，在应用型高校混合教学模式的研究与应用方面取得了一些成果。本书是对本课题团队近年来有关混合教学模式方面的研究成果、心得体会及实践经验的融合与凝练。

　　本书第1章由胡国兵、陈正宇撰写；第2章由杨莉、吴珊珊撰写；第3章由胡国兵、杨莉撰写；第4章由陈正宇、姜志鹏撰写；第5章由张文姗、杨莉、王洪欣撰写；附录部分由胡国兵、吴珊珊撰写。全书由胡国兵负责统稿。数字信号处理课程组王灿、严慧、王雪道等老师提供了第3章的部分教学案例，在此表示感谢。

　　感谢金陵科技学院顾金亮教授、胡兴柳教授、杨娟副教授、邓宽副教授，南京信息职业技术学院王维平教授、顾斌教授、高燕教授等专家学者在本书思路形成、内容优化过程中提供的有益指导与帮助。向所有的参考文献作者及为本书出版付出辛勤劳动的同志表示感谢。

　　限于作者的水平与能力，书中不妥和疏漏之处，恳请广大读者批评指正。

胡国兵

2023 年 4 月谨记于方山下

目　　录

1 绪　　论

1.1　研究背景与意义

1.1.1　教育数字化与智慧课堂

互联网、云计算、人工智能、元宇宙等新兴信息技术的发展与概念的提出，正在深刻地改变人类社会的生产方式、生活方式，特别是教育方式。近年来，教育数字化已成为国际高等教育的热点，世界各国及重要国际组织均提出自己的发展战略，如联合国教科文组织（United Nations Educational Scientific and Cultural Organization，UNESCO）发布的"教育 2030 行动框架"（Education 2030 Framework for Action）、欧盟委员会（European Commission）发布的《数字教育行动计划（2021—2027）》（Digital Education Action Plan 2021—2027）[1,2]；美国教育技术国际协会于 2016 年发布的《迎接未来学习——重思教育技术》（NETP 2016）[3]；2021 年俄罗斯科学与高等教育部发布的《高等教育与科技产业的数字化转型战略》[4]。

近年来，党中央围绕教育现代化、教育数字化作出一系列重要部署。2022年 2 月，教育部工作要点中也将实施教育数字化战略行动列为主要工作[5]。2022年 10 月，"推进教育数字化"首次被写进党的代表大会报告中[6]。2023 年 1 月全国教育工作会议召开，其主题为"统筹推进教育数字化和学习型社会、学习型大国建设"[7]。2023 年 2 月 13 日至 14 日，世界数字教育大会在北京召开。会议以"数字变革与教育未来"为主题，围绕数字化转型、数字学习资源开发与应用、师生数字素养提升、教育数字治理等问题进行深入交流讨论，获得国际社会积极关注。在高等教育平行论坛上，来自中国、美国、墨西哥、新加坡、南非等政府代表、知名高校校长、数字教育专家、著名企业代表等围绕"数字变革推动高等教育创新发展"这一主题，就高等教育数字化转型、教育数字化助力人才培养、优质数字教育资源共建共享、教育教学方式变革等议题展开了广泛研讨。高等教育作为我国整个教育体系的龙头[8,9]，数字化转型是其率先实现中国式高等教育现代化的重要途径。对于从事一线教学的教师而言，如何在课堂教学中积极关注并为适应这一变化与转型做思想上、行动上的准备，是一个必须面对的现实问题。

在学术界，高等教育的数字化转型理论与实现途径问题，也引起了相关学者的充分关注[1,2,10-16]。华东师范大学祝智庭等[17]提出的"四层次"模型极具代表性。四个层次具体为价值层、应用层、主体层及支撑层。其中，价值层主要指教育数字化的战略规划，其责任在教育管理部门；主体层包含数字人才与文化、组织与生态两个行动域，面向的是参与教育过程的学生、教师及社会其他群体；支撑层是数字基础设施行动域，其相关方主要是教育装备及智能工具的供给企业、研发机构；应用层与课程教学直接相关，主要包括智慧教学与评价、支持与服务两个行动域。智慧教学与评价的实现，只有在智慧课堂的教学实践中才能真正落实。而混合教学模式作为智慧课堂教学的主要模式之一，成为从实践层面落实教育数字化转型的重要支点。该教学模式在新冠疫情期间已为各级各类学校普遍采用，为破解特殊条件下的教学实施困境提供了重要的解决方案。如果说新冠疫情倒逼了混合教学模式的推广与应用，那么在后新冠疫情时代，如何践行智慧教育理念，有效地、创新地融入数字技术，为学生提供多样化的教学供给，促进学生的全面发展，已成为提高混合教学模式应用水平的新追求，也是人们对新时代高等教育的新需要。

1.1.2　智慧课堂与混合教学模式

目前，学术界对智慧课堂的定义，并未形成统一的说法。具有代表性的有三类，具体如下。

（1）基于教育学视角[18]，认为智慧课堂的目标是通过教与学的互动过程，将原来学生的促进知识的增益转变为启发其智慧的生成。简单地说，就是要将学生的学习状态从浅表转换成深度学习[19]，促进学生高阶思维能力的形成[20]。

（2）基于心理学视角[18]。该视角下，智慧课堂的目标被定位为：提升学生创造性思维与解决实际问题的能力。也就是说，是将解决问题的对象从狭义的知识获取、建模的范畴，扩展到广义的社会生活中，从人的全面发展角度来看待智慧课堂的价值。

（3）基于技术学视角。智慧课堂是指"利用大数据、云计算、物联网和移动互联网等新一代信息技术打造的，实现课前、课中、课后全过程应用的智能、高效的课堂"[21]。

笔者比较倾向于王天平等[18]给出的定义，即智慧课堂是智慧学习环境的外在条件与新型教学模式内在特征的有机结合[19]，其底层逻辑在于唤醒学生对自身作为学习主体的认知，激发其学习的主动性，从而将学习目标从知识获取提升为智慧的生成。所谓智慧的生成，从某种意义上说，就是立德树人，将获得具体的专业性知识、技能与普遍的社会性生存能力相结合。对智慧课堂的实施而言，智慧环境的构建与智慧课堂教学模式的设计是两个基础性环节，前者属技术学视角，后者属教育学视角。

混合式教学模式是指传统线下教学与基于网络的线上教学相结合的一种教学方式①，也是智慧课堂中应用广泛的教学模式之一[22,23]。混合式教学模式试图突破以教师为中心的传统教学结构，强调建立学生的主体性与教师主导性相结合的新型教学结构。智慧课堂中的技术要素与教学方法的融合，以及由此产生的信息化、智能化的教学环境，某种意义上为混合教学模式的实施提供了环境条件。同时，从教学目标的角度，混合教学模式所期望建立的新型"教师为主导、学生为主体"教学结构，与智慧课堂所追求的提高学生的主体性地位也是吻合的。面向智慧课堂的混合教学模式的构建，须先对教学内容、教学资源、教学方法及教学评价等方面各要素的融合进行分析，厘清实现条件、确定教学目标、设计教学活动、实施教学评价。

1.1.3 面向智慧课堂的应用型高校混合教学模式

对应用型高校（如应用型本科或高职高专）而言，混合教学模式的构建必须考虑其人才培养目标、课程体系、课程内容、生源状况及教学资源与环境等方面的具体情况。应用型本科的人才培养目标为高素质应用型人才，高职高专院校的人才培养目标为高素质技术技能人才，都对技术或技能的应用提出了要求，体现了明显的实践特征。因此，应用型高校必然注重学生实践能力的培养。在其人才培养方案的课程设置中，实践环节的总学时数也保持了较高比例，如应用型本科的信息类专业其比例接近40%，高职高专信息类专业则要求原则上这一比例不低于50%。从课程内容看，实践性环节的形式多样，有些是以单独设课的实验、实习、实训、课程设计及毕业设计的形式呈现；有些以理论课程中的实验环节来体现；有些则不刻意区分理论与实验学时，称为"理论与实践一体化"，如某些基于工业软件的电路设计类课程。就生源状况而言，应用型高校的生源呈现出多样化特征。应用型本科学生的入学模式可分为高考入学、对口单招（高职3年+2年本科，中职3年+4年本科，五年一贯制高职+2年本科）两大类，而高职院校生源来自单独招生（未参加高考的高中毕业生），高考入学及对口单招（中职3年+高职3年）等。从基础学习能力看，这两类应用型高校学生的基础学习能力与研究型高校的学生之间还存在较大差距。此外，不同学校之间，甚至相同学校的不同专业之间，其课程教学环境与资源也存在较大的不平衡性。因此，对应用型高校课程的混合教学模式进行研究时，需要考虑上述特点，力求"因地制宜、因课制宜、因生制宜"。

现有有关智慧课堂的理论与实践方面的研究，大多以基础教育为对象。考虑

---

① 这里只是混合教学模式狭义的定义，从广义上讲，泛指教学过程中各关键要素的融合，在本书第2章中提及的弹性学习理论中将具体说明。

到应用型高校的人才培养目标、课程体系、学生学情、教学资源条件等与普通中
小学存在较大差异。本节将在现有智慧课堂框架的基础上,结合应用型高校的特
点及课题组自身的教学与研究经验,尝试提出一种适用于应用型高校专业课程的
混合教学模式。

图1-1所示为本书提出的面向智慧课堂的应用型高校混合教学模式之基本框
架。这一框架所希望实现的目标在于:使学生对自身在教学中的主体性地位有足
够的认知,以激发学习兴趣及主动性为手段,促进学生的深度学习状态的形成,
提升其高阶思维能力,最终达到促进其智慧生成的终极目标。整个模型中,以新
一代信息技术赋能与新型教学方法的融合作为内核,并以教学内容、教学方法、
教学资源与教学评价四个维度的融合作为支撑,构建面向智慧课堂的应用型高校
混合教学模式。四个维度的融合具体内涵如下。

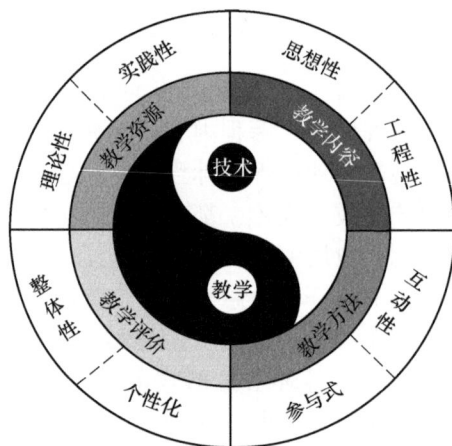

图1-1 面向智慧课堂的应用型高校混合教学模式之基本框架

(1)从教学内容的角度,体现内容工程性与思想性的融合。对于应用型高
校,特别是电子信息类、控制类等理工科专业,教学内容的先进性与高阶性,来
源于与课程内容有关的新方法、新技术及新工艺。实际中,可以教师的各类科研
与技术服务项目成果为基础,结合其他资源,通过必要的调整与组合,形成工程
案例集,更新到教学内容中。此外,作为课程教学内容中的重要维度,思政点的
融入,也是课程内容更新的重要方面。对于理工类专业而言,可从科技发展史、
哲学思维、工程伦理及大国工匠精神等方面挖掘思政点,形成与课程知识点的融
合矩阵,并构建课程思政案例集。

(2)从教学方法的角度,体现参与式教学、增强教学的互动性。智慧课堂
的根本目标是,促进学生的学习主动性,以达到深度学习的状态,提高教学的有
效性,使学生对已有知识框架进行重构,为智慧生成奠定基础。以讲授为主的传

统教学方法，普遍缺乏互动性，学生大多在被动学习，其学习的主动性与持久性不足。有时需要进行必要的外部干预，促使学生参与到教学中，形成师生、生生之间的良性互动。但是，在实际教学实施时，也要考虑到课程本身的特点及教学资源的同步性等问题。如对一些理论很强的课程，如果采取一些诸如翻转课堂等方式，反而可能导致知识的碎片化，表面热火朝天，实质效果不佳。此外，我们在课题研究中还关注到学生的学情分析对教学实施的影响，本书中将探讨学生的学习风格测量及其在教学实施中的应用价值。

（3）从教学资源的角度，追求理论性与实践性教学资源两者之间的平衡。教学资源的分类方式很多，如最基本的线上与线下资源。考虑到本书所关注的对象——应用型高校的课程教学，我们将视角聚焦到理论性与实践性教学资源。所谓的理论性教学资源是指课程中的理论部分所对应的线上、线下及其他形式的网络教学、课件、微课等，而实践性教学资源是指实践性课程或者理论课中的实践性环节所对应的网络课程、实验环境及管理平台等。通常，课程的理论性教学资源较为完备，但实践性环节的教学资源由于受条件限制等，总体上未形成体系，难以满足泛在学习的需求。为此，本书将介绍基于"互联网+口袋实验室"混合教学模式，对实践性教学资源建设中的相关问题进行系统阐述。

（4）从教学评价的角度，尝试将面向整体的宏观评价与面向个体的微观评价相结合。传统的教学评价是基于成绩测量的，这种方法直接、明确。对于中小学来说，因其重要的课程，如语文、数学、英语等，开设的学期具有连续性，便于进行直接比较。但在高等学校，通常一门专业课程的开设时长为一个学期，部分课程的时间跨度为两个学期。此时，基于学业成绩难以获得同一门课程学习水平的纵向比较信息。借助心理测量对学生的学习效果进行间接测量，也是一种可行的评价方式。本书中针对常规的理论或实践课程，从宏观评价的角度，引入了学习投入度调查；从微观评价的角度，引入了 LICC 范式[①]，通过课堂观察对学生动态学习状况进行表征。此外，对于毕业设计（可视为一种特殊的实践课程）的管理与评价，书中介绍了基于 CIPP[②] 的动态评价模型，并提出了具体的评价指标体系及动态评价实施方案。

综上所述，面向智慧课堂的应用型高校混合教学模式的特点可归纳为：教学内容方面，将最新科技成果、课程思政元素与课程的原有知识点相结合，以提高教学内容的先进性与思想性；教学方法选择时，将信息化、智能化等技术要素与互动式、参与式等教学模式相结合，加强课程教学的互动性，促进学生的自主学

---

① 学生学习（Learning）、教师教学（Instruction）、课程性质（Curriculum）、课堂文化（Culture）四要素。

② 背景评估（Context evaluation）、输入评估（Input evaluation）、过程评估（Process evaluation）、成果评估（Product evaluation）。

习、深度学习状态的形成；教学资源建设中，综合利用线下与线上教学资源，整合理论性资源与实践性资源，为培养学生的实践与创新能力提供条件；教学评价中，注重将整体性评价与个体性评价相结合，并借助各种测量表与评价模型，获取学生学情及学习效果等客观数据，以获取科学、精准的教学要素信息及评价数据。需要说明的是，本书所提出混合教学模式的新框架主要针对智慧课堂中教学模式的设计层面，未过多关注与技术要素有关的软硬件环境的建设方面。对此问题有兴趣的读者可见参考文献 [24-26]。

1.2 相关研究的现状分析

1.2.1 智慧课堂的研究现状

有关我国智慧课堂教学模式的研究，姜丛雯等[27] 以 2008—2018 年发表的 22 篇论文为素材，分别从其实现技术、通用模式及在中小学学科课程中的应用等角度进行了综述。朱毅等[28] 则以截止到 2022 年 4 月间的近 100 篇文献为依据，进行了高频关键词词频分析、聚类分析及多维尺度分析，并从智慧课堂内涵特征、智慧教学模式、基于智慧课堂的教学设计、数据建模、学习行为与智慧课堂评价研究等方面进行了分析与归类。相关的英文综述性文献可见参考文献 [29-31]。本章将结合所研究的问题，重点对 2018—2023 年国内发表于核心期刊与 C 刊的相关论文进行梳理。

1.2.1.1 智慧课堂的模型构建

杨鑫等[32] 提出了课堂学习的物质实践观，认为学习是学习者以物质技术手段为中介的认知性实践。在分析智慧课堂学习方式、场域要素构成的基础上，建立了反映"智慧生成"及"技术优化"逻辑的智慧课堂模型，提出了以聚焦学生智慧的多元高阶发展、建立问题解决的智慧生成效应、发挥智能技术的优化调节效应为主要的智慧课堂构建策略。

杨重阳等[19] 认为智慧课堂的建设与发展是智慧教育规模化进阶的直接驱动力，但其外在环境条件、内在目标模式的宏观概念、深度学习的价值导向尚有待进一步厘清。作者的主要贡献在于：一方面，从智慧课堂的实施场所的角度，将智慧课堂分为面向特色空间的沉浸式课堂和面向基础空间的交互式课堂两类新形态，并对其中的网络与技术、数据与模型、硬件终端设备与软件系统平台、数字教学资源、教师资源五大结构要素及其功能边界进行了阐述；另一方面，从知识管理视角，结合 DIKW（Data—Information—Knowledge—Wisdom，获取数据—提炼信息—总结知识—通悟智慧），设计了包含知识组织与整合、知识获取转换与输出、知识进化的深度学习框架。

李逢庆等[33] 基于生态学视角，从目标定位、关系重构、流程重塑和评价重建四个方面研究了智慧课堂生态系统的构建依据,提出智慧课堂是由教与学的主体、教学环境、教学资源共同构成的相互联系的生态系统。刘邦奇[34]也认为智慧课堂是一个生态系统,在智能化时代,需用生态学的思维对智慧课堂的内涵及发展特点进行重新审视,分析智慧课堂教学生态体系的构成要素及其运行机制。文中从生态学视角阐述了智慧课堂教学生态系统的内涵特征、动力机制和体系构成,并以作者团队在安徽省蚌埠市开展的十年智慧课堂教学实验研究为基础,深入分析了智慧课堂教学生态运行"一体化"实践范式的内涵。

上述研究大多以基础教育为研究对象,鲜有针对高等学校智慧课堂理论与实践模型的研究。鲍乃源等[35]从政策管理视角出发,重点对高校智慧教学实践模型构建及其有效性进行了研究。从系统论视角出发,构建了包括智慧教学管理、教学方法、教学资源、教学环境及教学目标五个核心要素的高校智慧教学实践模型,并通过结构方程模型验证核心要素及其相互关系,最后以"固体物理学"课程为例,利用所提出的智慧教学实践模型进行了教学设计,并以学习效果测试成绩为依据,验证了所提出模型的有效性。

1.2.1.2 智慧课堂的教学模式

马勋雕等[36]着重分析了智慧课堂中的学习任务的内涵、特点以及构成因素等,并与智慧学习的特点和教育的设计过程模式相联系,建立了"三阶段七步骤"智慧课堂学习任务设计过程模式。其中,三阶段即分析、设计、评价三个阶段,七个步骤为分析学习活动的结果、设计任务的目标、选择任务的类型、设计任务的顺序、制定任务的角色分配、设计学习资源、评估任务结果。该模型可为中小学智慧课堂的构建与实施提供参考。管珏琪等[37]分析了智慧教室环境下的课堂教学结构,即教师、学生、教学内容和教学媒体四个教学系统的构成要素之间相互联系、相互作用机制。文中选择了上海闵行区16个电子书包项目以及"智慧好课堂"邀请赛的优秀课例作为分析对象,利用视频分析法分别从微观、中观两个角度对教学活动系统要素、教学方法结构序列进行深入分析,并从课堂教学环节、"教师—学生—技术"关系、"教师—学生—内容"特征、教学方法结构序列四个方面对课例的教学实施过程进行了深入分析。刘邦奇[22]在其著作《智慧课堂:新理念 新模式 新实践》一书中,对智慧教学模式及其教学设计的方法与规范进行了详细的阐述,并给出具有代表性的高中各学科课程案例以及作为学校整体推进智慧课堂教学改革的完整案例。彭红超等[38]提出了一种面向智慧课堂的深度学习设计框架,主要包括课堂环境分析、明确目标、确定评估、学生分析、任务设计、编列制定、绘制分布和决策预设八个步骤,体现了智慧课堂所具有的精准把脉、互动支持、适性推送、即时反馈等特色,也为智慧课堂中的学习任务、学习活动、学习进程和教学决策的设计提供了方案支持,且可对学生个性化学习进程进行可视化反馈。

1.2.1.3 智慧课堂的数据分析、计算与处理

孙曙辉等[21] 以智慧课堂教学行为数据为对象，从微观教学层面，提出了一种数据挖掘与学习分析框架。作者首先提出了智慧课堂的"三角用户模型"，该模型由参与教学过程的学生、教师及教学过程涉及的泛在信息三者构成，基于该模型归纳了课堂教学中五种典型互动行为，并对其发生频率进行了分析。针对这些数据分析对象，建立了"四建模三分析"的智慧课堂大数据研究方法论，深入分析梳理了智慧课堂数据挖掘分析的 13 个具体研究问题，并总结了智慧课堂数据挖掘分析四类应用模式。最后，以某省级重点中学学生的全科考试数据为例，运用前述的分析模型，对学生的主观行为与学业成绩之间的关系进行统计分析，并筛选出影响理科学生成绩的主要指标。杨现民等[39] 对教学大数据实践框架进行了深入研究，提出了构建教学大数据实践框架的四个方面，即学校导入教育大数据项目、教学大数据汇聚融合、应用模式以及数据驱动的精准教学范式。黄荣怀等[40] 研究了智能教育中的计算问题。对人工智能技术发展背景下，当前教育改革中主要矛盾和智能教育关键特征进行了深入分析，提出了智能教育中所涉及的认知计算、行为计算和环境计算等基本计算问题，并将三者融合，形成了"计算教育学"要素模型。晋欣泉等[41] 认为数据是生成课堂智慧的基础，智慧课堂教学中所产生数据的流动是充分发挥其价值的重要前提。作者在分析智慧课堂研究现状及剖析存在问题的基础上，从课前、课中与课后三方面阐述了智慧课堂数据的流动机制，并基于信息生态学理论，融合教学主体、教学资源、课堂环境和教学数据等要素，构建了智慧课堂生态系统的四层次模型，提出了构建智慧课堂生态系统的具体策略。郭炯等[42] 在分析智慧课堂教学流程的基础上，建立了面向数学学科能力培养的师生课堂技术应用行为分析框架。作者通过对 30 节小学数学智慧课堂教学的课例分析，对教学过程中的学情定位、内容推送、活动开展、测评反馈四个方面的技术应用行为对教学效果的影响进行了分析与评估，并从建设支持学科能力培养的教学平台、深化教师对学科能力的认识、提升人机协同素养等方面提出了推动智慧课堂教学发展的相关建议。

1.2.1.4 智慧课堂的教学评价

朱燕华等[43] 以大学英语智慧课堂为研究对象，提出了一种深度学习理论与 TPACK 知识框架的智慧课堂教学评价指标体系，并对指标体系的信度和效度进行了验证。王小根等[44] 在深入分析智慧课堂动态学习数据流运行机制的基础上，将评价节点划分为学情诊断——备课、互动参与——教学、成果检验——迁移三个阶段，以评价时间、目的、内容、工具、主体为要素设计了"伴随式评价"框架，并以七年级英语 Unit7 Abilities 为例对"伴随式评价"进行了实证研究。肖龙海等[20] 认为当下智慧课堂的教学评价应从局限于低阶思维的测评转向更深层次高阶思维的评价。作者以中小学课程教学为应用对象，设计了智慧课堂

高阶思维的评价流程与实施步骤，并据此进行了智慧课堂高阶思维评价的实证研究。

1.2.2 混合教学模式的研究现状

混合式教学模式是智慧课堂中广泛应用的教学模式之一[22,23]。它涵盖了协同学习、建构学习、计算机辅助学习等多种形式，也为新冠疫情下的课程教学提供了行之有效的方案。冯晓英等[45] 通过对 2001—2017 年国内外有关混合式教学的 91 篇文献的研究，梳理了构建混合式教学的概念框架和分析框架，归纳了混合式教学发展的三个阶段，即技术应用阶段、技术整合阶段以及"互联网+"阶段，混合式教学目的演变的两个阶段，即"替代论/辅助论"阶段、"强化论/进化论"阶段，以及混合式教学分析框架的三个维度，即准备度、设计与实施、影响。同时，提出了开展"互联网+"混合式教学模式研究、混合式教学能力准备研究、混合式教师专业发展研究、混合式教学评价和混合式教学环境下的学习分析等建议。结合本书的研究重点，下面主要从混合式教学模式的构建方面，对2018 年以来具有代表性的文献进行综述。

王竞梅[46] 首先阐述了 SPOC 的特点和优势，然后梳理了上海开放大学混合教学模式的构建和实施情况，并对混合教学的推进提出了若干建议。马超等[47]将 MOOC 线上教学和课堂教学有机融合，对课前预习、课堂实验、课后分析、拓展练习四个环节进行了设计，并将该模式应用到"机械设计实验"课程中。李玲等[48] 将基于"雨课堂"的翻转课堂应用于"计算机领域信息检索"课程，分别从教学技术选择、教学目标定位、学习时间设计、学习资源设计、习题设计、课堂活动设计等方面探讨了混合教学模式的构建方法。同时，通过对学习者的调查反馈，得到学生在线学习行为表现与学业成绩呈正相关的结论。韦怡彤等[49] 在分析深度学习内涵和现有协同知识建构模式基础上，提出了混合式学习环境下以深度学习为导向的协同知识建构模式。该模式包括先行引导、共同体组建、组内协同建构、组间协同建构和评价反思五个阶段。同时，依托企业微信平台，将该模式在"教育技术学导论"课程中进行了初步的实践应用。邢丽丽等[50] 借助教学平台和智慧教学工具，构建了一种基于精准教学的线上线下混合式教学模式。该教学模式将教学过程分为线上自主学习、大班课堂讲授、线上专题讨论、小班课堂讨论四个环节。通过对线上学习数据的统计与分析，精准设计线下课堂教学内容与教学方法；通过学生课堂数据反馈，精准设计分层次作业和讨论话题；并把多种评价方式嵌入教学环节中，生成个性化学习数据，辅助教师进行精准教学决策。张冲等[51] 首先对工科专业混合教学中"混合"的内涵进行了阐述，认为基于工程教学、工程人才培养目标的混合是混合式教学的起点。其次，根据人才培养目标，从学习活动、教学资源和教学评价三方面设计了混合式教学模式；最后，以清华大学"光电仪器设计"课程为例，对该混合教学模式进行了实践与验证。

陈曦蓉等[52] 等以内容依托式（Content-Based Instrument，CBI）教学理念为指导，对基于"慕课"和"雨课堂"的线上线下混合教学模式在商务英语教学中的应用进行了探讨和分析。实践证明，基于 CBI 思想设计并实施的线上线下混合教学，将语言教学置于商务知识教学的基础上，使学生能更好地运用英语，更有效地进行商务交际，达到了课程目标。同时，以"慕课"与"雨课堂"为基础的混合教学模式，可有效发挥线上和线下两种教学的优势，拓展教与学的时间和空间，提高了学生的学习积极性和活跃度，有利于提升课程教学质量。王亚沁等[53] 研究一种基于产出导向法理论的大学英语线上线下混合式教学模式，并在教学实践中进行了应用。结果表明，该教学模式激发了学生的学习内驱力，改善了课堂教学效果，提升了课程教学质量。

此外，研究者还对有关混合式教学质量评价体系[54]、效果评估[55]、教师教学能力提高[56,57]、学生的行为意愿等[58]及深浅层学习者行为差异[59]等进行了研究。

综上所述，分别从智慧课堂与混合教学模式两个方面的研究现状进行了简要分析。但现有的有关智慧课堂的研究大多针对基础教育阶段的课程教学，不能直接应用于应用型高校的课堂教学中。原因在于，应用型人才培养的目标与规格、应用型高校的课程体系与特征、教学环境及条件、学生学情与教师教情等均与基础教育阶段、其他研究型高校等存在较大差异。另外，混合教学模式作为一种具有普适性的教学组织方式，如何与应用型高校课程教学的特点相结合，并体现智慧课堂的特点，是一个值得进一步研究的问题，也是本书的关注点所在。

1.3 研究内容

本书共分 5 章，以面向智慧课堂的应用型高校混合教学模式设计研究为主线，分别从模式设计、案例分析、教学测量与评价等方面展开讨论，其主要内容包括绪论、基于弹性学习理论的混合教学模式设计与实践、基于首要教学原理的混合教学模式设计与实践、基于"互联网+口袋实验室"的混合教学模式设计与实践、混合教学模式实施中的教学测量与评价等混合式教学中的关键主题，应用范围涉及理论课、实践性及理实一体化课程，基本涵盖了专业课程中的主要类型。各章节主要内容如下：

第 1 章简要介绍了智慧课堂、混合教学模式的概念、相互联系，简要介绍相关主题的研究与发展现状，并对全书的结构及章节安排进行了说明。

第 2 章介绍了基于弹性学习理论的混合教学模式，分别对理实一体化课程、实践性环节的混合教学模式的各要素及相互关系进行了详细阐述，并以"网络系统集成""单片机原理及应用课程设计"等课程为例，介绍其混合教学模式的构建。此外，本章还对面向产教融合的混合教学模式设计中的问题及其解决思路进行了分析与阐述。

第3章介绍了基于首要教学原理的混合教学模式。分别对线下课程的混合教学设计、理实一体化课程的微课及其资源设计进行了研究，并以"数字信号处理""单片机原理及应用"等课程为例，对首要教学原理在混合教学模式设计中的应用进行了实证研究。

第4章介绍了基于"互联网+口袋实验室"的实践性环节混合教学模式。以解决现有应用型高校实践性环节实践中存在的远程实验过度依赖仿真，学生实践创新能力训练不充分等问题为目标，对基于"口袋实验室"的混合教学模式的基本框架、实施步骤、应用条件进行了详细阐述，并以电子信息工程专业课程教学实施为例，进行了案例分析。

第5章介绍了混合教学中涉及的学情分析与教学效果评价模型。学情分析方面，重点介绍了基于 VARK 模型的学习风格调查及其在应用型人才培养中的应用。教学效果评价方面，则主要介绍了基于 LICC 范式的课堂观察量表的设计方法，并对其在实践性课程教学效果微观评价中的应用进行了案例分析。此外，本章还对特殊的实践课程——毕业设计的实施效果评估进行了研究，提出了一种基于 CIPP 模型的动态评价指标体系，并设计了评价活动方案。

上述内容中，第2~4章是有关混合教学模式的设计，第5章涉及教学过程测量与评价。全书从模式设计、实施案例到评价分析构成了一个相对完善的体系。

参 考 文 献

[1] 世界慕课与在线教育联盟秘书处. 国际组织倡导推动高等教育数字化治理变革——《无限的可能：世界高等教育数字化发展报告》节选三 [J]. 中国教育信息化，2023，29 (1)：24-35.

[2] 吴砥，李环，尉小荣. 教育数字化转型：国际背景、发展需求与推进路径 [J]. 中国远程教育，2022 (7)：21-27，58，79.

[3] 许涛，禹昱，郭强. 2016 年美国国家教育技术计划解读之教学篇——技术赋能的教师 [J]. 现代教育技术，2016，26 (10)：18-23.

[4] 杜岩岩，唐晓彤. 面向 2030 的俄罗斯高等教育数字化转型现实图景与战略规划 [J]. 比较教育研究，2022，44 (3)：3-9，44.

[5] 教育部. 《教育部 2022 年工作要点》：实施教育数字化战略行动 [J]. 现代教育技术，2022，32 (2)：1.

[6] 周洪宇，李宇阳. 习近平总书记教育重要论述的新发展——党的二十大报告关于教育的系列新论述研究 [J]. 国家教育行政学院学报，2023 (2)：7-15，70.

[7] 教育部. 2023 年全国教育工作会议召开统筹推进教育数字化和学习型社会、学习型大国建设 [J]. 现代教育技术，2023，33 (2)：1.

[8] 王洪才，靳玉乐，罗生全，等. 中国式高等教育现代化的多维思考与协同推进 [J]. 高校教育管理，2023，17 (1)：1-21，68.

[9] 王洪才. 面向 2035 本科教育：诉求·挑战·应对 [J]. 西北工业大学学报（社会科学版），2021 (2)：37-47.

[10] 祝智庭，胡姣. 教育数字化转型：面向未来的教育"转基因"工程 [J]. 开放教育研究，2022，28 (5)：12-19.

[11] 肖广德，王者鹤. 高等教育数字化转型的关键领域、内容结构及实践路径 [J]. 中国高教研究，2022 (11)：45-52.

[12] 王兴宇. 数字化转型与高等教育高质量发展：耦合逻辑与实现路径 [J]. 社会科学战线，2023 (1)：236-244.

[13] 王素，袁野. 国际教育数字化转型经验与策略分析 [J]. 人民教育，2022 (Z3)：50-53.

[14] 苏珊，马志强. 高等教育数字化转型的国际经验：基于 CIPP 模型的实践案例 [J]. 中国教育信息化，2022，28 (8)：18-24.

[15] 李昊，宋佳. 国际视野下教育数字化转型的实践与启示 [J]. 人民教育，2022 (19)：71-74.

[16] 兰国帅，魏家财，黄春雨，等. 国际高等教育数字化转型和中国实施路径 [J]. 开放教育研究，2022，28 (3)：25-38.

[17] 祝智庭，孙梦，袁莉. 让理念照进现实：教育数字化转型框架设计及成熟度模型构建 [J]. 现代远程教育研究，2022，34 (6)：3-11.

[18] 王天平，闫君子. 智慧课堂的概念诠释与本质属性 [J]. 电化教育研究，2019，40 (11)：21-27.

［19］ 杨重阳，武法提．基于深度学习的智慧课堂设计框架［J］．开放教育研究，2022，28（6）：91-100.

［20］ 肖龙海，陆叶丰．智慧课堂的高阶思维评价研究［J］．现代教育技术，2021，31（11）：12-19.

［21］ 孙曙辉，刘邦奇，李鑫．面向智慧课堂的数据挖掘与学习分析框架及应用［J］．中国电化教育，2018（2）：59-66.

［22］ 刘邦奇．智慧课堂：新理念 新模式 新实践［M］．北京：北京师范大学出版社，2019.

［23］ Mikulecky P. Blended Learning in Smart Learning Environments［C］. Proceedings of the Progress in Artificial. Intelligence. Cham：Springey. Intermational Publishing，2019：62-67.

［24］ 张宇哲．基于 AI 架构的智慧课堂研究［J］．教学与管理（理论版），2020（7）：12-14.

［25］ 刘邦奇．智慧课堂的发展、平台架构与应用设计——从智慧课堂1.0到智慧课堂3.0［J］．现代教育技术，2019，29（3）：18-24.

［26］ 蔡苏，焦新月，杨阳，等.5G环境下的多模态智慧课堂实践［J］．现代远程教育研究，2021，33（5）：103-112.

［27］ 姜丛雯，傅树京．我国智慧课堂研究现状述评［J］．教学与管理，2020（6）：1-4.

［28］ 朱毅，张俊峰，韦兰兰．我国智慧课堂研究现状述评：热点与趋势［J］．教育信息技术，2022（Z2）：15-19.

［29］ Zhang Q，Liao J，Liu G，et al. Areview of technology-Supported dassroom observation in teaching eraluation［C］. New York，2022 Elerenth International Conference of Education Innoration Through Technology（EITT），2022：132-136.

［30］ Corbeil J R，Khan B H，Corbeil M E. Microlearning in the Digital Age［M］. New York：Routledge，2021.

［31］ Li K C，Wong B T-M. Review of smart learning：Patterns and trends in research and practice［J］. Australasian Journal of Educational Technology，2021，37（2）：189-204.

［32］ 杨鑫，解月光．智能时代课堂变革图景：智慧课堂及其构建策略［J］．电化教育研究，2021，42（4）：12-17，52.

［33］ 李逢庆，尹苗，史洁．智慧课堂生态系统的构建［J］．中国电化教育，2020（6）：58-64.

［34］ 刘邦奇．智慧课堂生态发展：理念、体系构成及实践范式——基于技术赋能的智慧课堂理论与实践十年探索［J］．中国电化教育，2022（10）：72-78.

［35］ 鲍乃源．高校智慧教学实践模型构建研究［D］．长春：东北师范大学，2022.

［36］ 马勋雕，解月光，庞敬文．智慧课堂中学习任务的构成要素及设计过程模型研究［J］．中国电化教育，2019（4）：29-35.

［37］ 管珏琪，陈渠，楼一丹，等．智慧教室环境下的课堂教学结构分析［J］．电化教育研究，2019，40（3）：75-82.

［38］ 彭红超，祝智庭．面向智慧课堂的灵活深度学习设计框架研制［J］．现代远程教育研究，2021，33（1）：38-48.

［39］ 杨现民，李新，邢蓓蓓．面向智慧教育的教学大数据实践框架构建与趋势分析［J］．电化教育研究，2018，39（10）：21-26.

［40］ 黄荣怀，周伟，杜静，等．面向智能教育的三个基本计算问题［J］．开放教育研究，

2019, 25 (5)：11-22.

[41] 晋欣泉，邢蓓蓓，杨现民，等. 智慧课堂的数据流动机制与生态系统构建 [J]. 中国远程教育，2019 (4)：74-81, 91, 93.

[42] 郭炯，丁添. 面向数学学科能力培养的智慧课堂技术应用行为分析研究 [J]. 中国电化教育，2023 (2)：134-141.

[43] 朱燕华，陈莉萍. 大学英语智慧课堂教学评价指标体系构建 [J]. 外语电化教学，2020 (4)：94-100, 111, 15.

[44] 王小根，单必英. 基于动态学习数据流的"伴随式评价"框架设计 [J]. 电化教育研究，2020, 41 (2)：60-67.

[45] 冯晓英，王瑞雪，吴怡君. 国内外混合式教学研究现状述评——基于混合式教学的分析框架 [J]. 远程教育杂志，2018, 36 (3)：13-24.

[46] 王竞梅. 基于 SPOC 的开放大学混合式教学模式的构建与实施 [J]. 中国职业技术教育，2019 (26)：78-82.

[47] 马超，曾红，王宏祥. 线上线下混合实验教学模式研究 [J]. 实验室研究与探索，2019, 38 (5)：185-189.

[48] 李玲，陈超. 基于"雨课堂"的科技信息检索课翻转课堂教学 [J]. 图书情报工作，2019, 63 (12)：66-71.

[49] 韦怡彤，王继新，丁茹. 混合式学习环境下深度学习导向的协同知识建构模式研究——以"教育技术学导论"课程为例 [J]. 中国电化教育，2019 (9)：128-134.

[50] 邢丽丽. 基于精准教学的混合式教学模式构建与实证研究 [J]. 中国电化教育，2020 (9)：135-141.

[51] 张冲，吴冠豪. 工程专业混合式教学设计与实践研究——以清华大学"光电仪器设计"课程为例 [J]. 电化教育研究，2020, 41 (5)：104-111.

[52] 陈曦蓉. 基于 CBI 教学理念的混合式教学模式探析——以"商务英语"课程教学为例 [J]. 中国电化教育，2019 (12)：129-134.

[53] 王亚沁. 基于产出导向法理论的大学英语混合式教学模式构建与实践研究 [J]. 中国电化教育，2022 (11)：117-122.

[54] 李逢庆，韩晓玲. 混合式教学质量评价体系的构建与实践 [J]. 中国电化教育，2017 (11)：108-113.

[55] 谭伟，顾小清. 面向开放教育的混合式教学模式及效果评估指标研究 [J]. 中国电化教育，2019 (2)：126-130.

[56] 冯晓英，郭婉瑢，宋佳欣. 教师混合式教学能力发展模型：原则、准备与策略 [J]. 开放教育研究，2021, 27 (5)：53-62.

[57] 冯晓英，吴怡君，庞晓阳，等. 混合式教学改革：教师准备好了吗——教师混合式教学改革发展框架及准备度研究 [J]. 中国电化教育，2021 (1)：110-117.

[58] 江凤娟. 混合式教学环境中大学生学习的行为意愿影响因素研究 [J]. 电化教育研究，2021, 42 (6)：105-112, 128.

[59] 王怀波，李冀红，杨现民. 高校混合式教学中深浅层学习者行为差异研究 [J]. 电化教育研究，2017, 38 (12)：44-50.

2 基于弹性学习理论的混合教学模式设计与实践

2.1 引言

在应用型高校工科类专业的课程体系中，通常实践性环节占有较高比例，其呈现方式也较多样。主要包括单独设课的实践性课程，如实验、课程设计、实训课程；含在理论课程中的实验环节；理实一体化课程中，与理论讲授同步的实践训练环节。因此，对应用型高校而言，实践性课程（或环节）的混合教学模式设计，是专业课程教学研究与改革中不可或缺的内容。此外，产教融合作为促进应用型高校与经济社会协调发展的重要举措，也是应用型高校开展混合教学模式研究与实践过程中必须考虑的重要因素之一。

弹性学习又称灵活性教学[1]，旨在为学生提供灵活的、多元化的、可选择的课程教学服务，以满足其个性化、智慧化发展的需要。弹性学习不仅是指传统线下教学与在线教学的融合，还泛指教学过程中其他相关要素之间相互融合形成的一系列的学习策略。某种程度上讲，弹性学习理论与混合教学的理念相契合，已成为混合教学模式研究与设计的主要理论基础之一。本章将基于弹性学习框架，对实践性环节、面向产教融合的混合教学模式的设计及其应用进行研究。对于实践性环节的混合教学模式设计，分为两类：一类是针对理实一体化课程，以教学环境、教学资源、教学方法与教学评价四要素的混合为基础，研究了混合教学模式的设计方法，并以"网络系统集成"课程为例进行了案例分析；另一类是针对课程设计类课程，以教学环境的融合为主线，教学方法、教学评价及教学资源等要素的混合为辅助，研究了基于"雨课堂"的混合教学模式设计问题，并以"单片机原理及应用课程设计"为例进行了实证分析。面向产教融合的混合教学模式设计，不针对具体课程，属于相对宏观的层面，重点从校企双方在课程的整体设计、教学实施、资源开发、教学效果评价等方面的协同机制进行深入探讨。

2.2 弹性学习理论

弹性学习是一种以学习者为中心的教学模式，学习者可根据自身情况，灵活运用多种方式建构自己的知识体系[2]。弹性学习的主要策略是充分融合教学过程中各相关要素，为形成具有灵活性、可调整性的自主学习策略提供条件，主要融合方式有线下和线上学习相融合，自定进度和协作学习相融合，结构化和非结构化学习相融合，定制化内容和通用化内容相融合，理论、实践及学习评价相融合等[1]。在弹性学习理论中，美国乔治·华盛顿大学的克翰教授（Badrul Huda Khan）提出的克翰八角弹性学习框架具有一定的代表性[1]，也称克翰八角框架，其结构如图 2-1 所示。所谓八角是指与教学相关的机构、教学、技术、界面设计、评价、管理、资源支持和伦理八个要素，表 2-1 对克翰八角框架中各要素进行了简要说明。弹性学习是一个完整的系统，不仅涉及学习者，还与教师、管理人员、技术支持者等有关。在理想的弹性学习的情境下，一方面，作为教学过程直接参与者学生与教师的定位有所调整。学生作为教学过程的主体，可以自主确定学习目标和学习进度，按照学习需要选择学习资源和学习环境，有效运用各种学习方法和认知工具，按照自己的个性特长和兴趣爱好进行学习；教师作为教学过程中的主导者，其任务是提供教学资源、学习指导与学习评价。另一方面，弹性学习框架下，应可允许对管理机制和培养方案进行动态调整，以适应社会需求。当然，这必然会带来学校的教学成本、管理成本的增加。

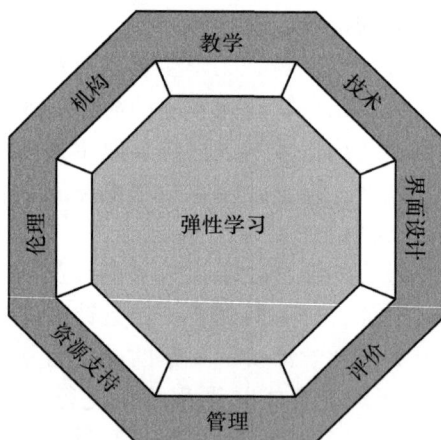

图 2-1　克翰八角弹性学习框架[1]

表 2-1　克翰八角弹性学习框架的八个要素及其内涵[1]

要素名称	内　涵　说　明
机构	指涉及行政、学术和学生服务的一般性事务以及与弹性学习相关的学生服务项目的管理机构
管理	指对学习环境的维护、管理信息的传播、发布
技术	指弹性学习环境中的技术基础设施问题，包括基础设施规划、硬件和软件的配置

要素名称	内 涵 说 明
教学	指教学内容分析、教学对象分析、教学目标分析、教学媒体分析、教学设计方法、教学组织和学习策略等
伦理	指弹性学习中涉及的社会和政治影响、文化多样性、地理多样性、学习者多样性等
界面设计	界面设计是指弹性学习程序的整体外观和感觉，包括课程页面和网站设计、内容设计、导航、可用性测试
资源支持	指促进弹性学习所需的在线支持和资源
评价	包括对学习者的评价和对教学环境的评价

2.3 理实一体化课程的混合教学模式设计与实践

本节对混合教学模式在高职院校理实一体化课程中的应用进行了研究，基于克翰八角框架提出基于"三段递进，四维融合"的混合教学模式框架，对其具体实施步骤及各要素的设计方法进行了探讨，并引入学习投入度调查作为教学效果评估的依据。在理论探讨的基础上，进一步以高职物联网工程应用专业"网络系统集成"课程为例，进行实证研究。

2.3.1 理实一体化课程的教学现状分析

高职教育肩负着为行业培养技术技能型人才的重要使命。课程教学是实现人才培养目标的基本途径，专业课程教学直接与职业标准对接，是影响人才培养质量的核心要素。根据培养目标及教学内容等方面的差异，一般可将高职院校的专业课程分为理论课程、实践课程以及理实一体化课程三大类别[3]。相比于以"基本概念和基本理论"为主要教学内容的理论课程和以"实验操作"为主要内容的实践课程，理实一体化课程是在职业岗位工作能力的基础上，按职业活动规律将知识和技能重新整合的一种教学形式[4]，其教学内容更加贴近生产实际，更能体现高职跨界性和技能导向的特点，因此在高职专业课中比例较高。

由于理实一体化课程具有"理论与实践有机结合"的特点，在其教学过程中不仅强调空间与时间的同一性，对学生的综合素质也有较高的要求。而传统的课堂教学，通常是在固定的时空条件下（时间上严格按教学计划执行，空间上基本在教室或者实验室之间切换）实施的。特别是近年来，随着高职院校办学模式的多样性和招生形式的多元化，传统的课堂教学模式越发呈现出难以适应理实一体化课程教学需求的态势。主要体现在以下两个方面。

一方面，在高职院校"产教融合""依托行业办专业"的背景下，相继出现了"校企合作、工学结合""现代学徒制"等新兴办学模式。学校为了兼顾企业的用人节奏及学生的就业现状，会安排学生提前进入企业实习，而这段时间往往是专业课程的授课时段，一部分学生不再有在学校教学场所集中学习的机会。这就使传统的课堂教学模式时空受限，从而导致师生无法有效沟通，无法进行合理评价等问题。

另一方面，高职院校为缓解生源数量不足的压力，招生范围不断扩大，招生模式也从单一的普通高考招生发展到省内对口单独招生、单独自主招生等多种途径[5]。普通高考招生比例的下降将直接导致生源质量的下降，而生源的多样化将使学习者具有不同的学习风格[6]。若使用传统的教学方式进行课程教学，个体资质较差或知识储备不足的学生对于知识点的理解和掌握则比较困难，加上专业课程本身内容较为抽象，因此学习难度更大，从而逐渐呈现出师生互动缺乏、课程教学质量普遍下降的局面。

可见，为学生提供一种更灵活的教学方式，使教师能够将知识有效传递给学生，让不同的学生都能获得不同程度的职业技能提升，从而保证学生的培养质量，是解决上述问题的关键。

2.3.2　混合教学模式的应用分析

作为一种新兴的教学模式，混合教学凭借其多样性、灵活性、有效性等优势，为解决上述理实一体化高职专业课程教学中的诸多问题提供了思路。下面就混合教学模式的概念及其在理实一体化专业课程教学中的现状进行说明，在此基础上分析其在理实一体化高职专业课程教学中的应用。

混合教学是人们在对传统教学和在线学习的研究中逐渐发展出来的一种以学生为中心的教学策略。传统教学是指在家庭以外受监督的实体场所进行的学习，可以帮助学生将课程的各模块结合起来，形成一种整合式的学习体验[7]。但传统教学缺乏灵活性，无法满足学生对个性化学习的要求。而以网络技术为基础的在线学习，学生可自主控制学习的时间、地点、路径或进度，但由于存在缺乏监管，互动不足等问题，由此便出现了"混合教学"这一概念。它涵盖了协同学习、建构学习、计算机辅助学习等多种形式，实现了传统教学与在线学习的优势融合。

为了应对当前课程教学中的困境，众多高校广泛开展了混合教学模式研究，其中针对混合教学模式在理实一体化专业课程中应用的研究颇多，笔者对此类研究的特点进行了归纳。

（1）从研究内容来看，主要分为两类：一类是针对某一具体课程的混合教学模式设计方法研究，如齐励等[8]探讨了如何运用"翻转课堂"教学模式开展"基础会计"课程的教学改革，从教学内容、教学方式、考核方式、学习监督机制四个方面阐述了课程改革的具体思路；另一类是先基于相关理论对混合教学模式进行构建，后对其进行实证研究，如陈然等[9] 按前期准备、混合教学活动设计、学习活动的实施与评价三个步骤设计了基于 SPOC 的混合教学模式，并将其应用于"C 语言程序设计"课程。显然，上述两类研究中均未针对某一类课程的混合教学模式构建方案进行实用范式研究。

（2）从设计方法来看，较多研究基于实施过程对混合教学模式进行构建，如崔凌霄[10] 在"互联网+"工学结合的混合教学模式研究中，针对电子商务专业课程的具体实施进行了研究，提出了包含前端分析、总体设计、教学实施、评价与总结等环节的混合教学模式实施流程。然而针对混合教学模式的构建不仅需要对各实施步骤的设计方案进行研究，还要评估其实施效果。因为前导环节是后续环节实施的基础，后续环节则对前导环节形成反馈，引入效果评估可使混合教学模式框架形成一个闭合的环路。

鉴于理实一体化专业课程在高职院校课程体系中的重要性，若能根据其自身的特点构建混合教学模式体系框架，对于混合教学模式的研究极具实际指导意义。

2.3.3 "三段递进，四维融合"混合教学模式的设计

Bonk[11] 认为混合教学应包含识别与定义学习需求、根据学习者特征制订教学计划及测量策略、依据教学环境开发学习内容及执行计划、跟踪学习过程并对结果进行评估四个主要环节。克翰[1] 在其混合教学八角框架中也指出，在创设富有意义的混合环境时需考虑八种要素，分别为机构要素、教学要素、技术要素、界面设计要素、评价要素、管理要素、资源支持要素和伦理要素。黄贤[12] 在高职信息检索课混合教学模式设计中对上述八要素进行了整合，提出"学习环境、学习方法、学习资源、学习评价"为影响混合教学效果的关键要素。黄丽莉[13] 认为在构建混合教学模式时要根据学科内涵来挖掘教学中所涉及的要素，并有机地将这些因素联系起来。因此，本书在前述学者的研究基础上，根据高职院校理实一体化课程的教学实际，提出"三段递进，四维融合"高职理实一体化专业课程的混合教学模式框架，并对其内涵进行阐述，其基本框架如图 2-2 所示。

"三段递进"主要是针对理实一体化专业课程的混合教学设计步骤，可归纳为课程实施分析、教学要素设计、教学效果评价三个阶段。"四维融合"则从教学要素设计环节的维度，说明如何将教学环境、教学资源、教学方法、教学评价四种教学要素相融合，进一步优化教学效果。具体如下。

阶段一：课程实施分析。本阶段是后续环节的基础，主要包括三方面内容：一是对课程特征进行分析，如课程的培养目标、教学内容等特征；二是对学习者需求加以分析，如学习者的知识储备、学习风格、学习期待等；三是对课程实施

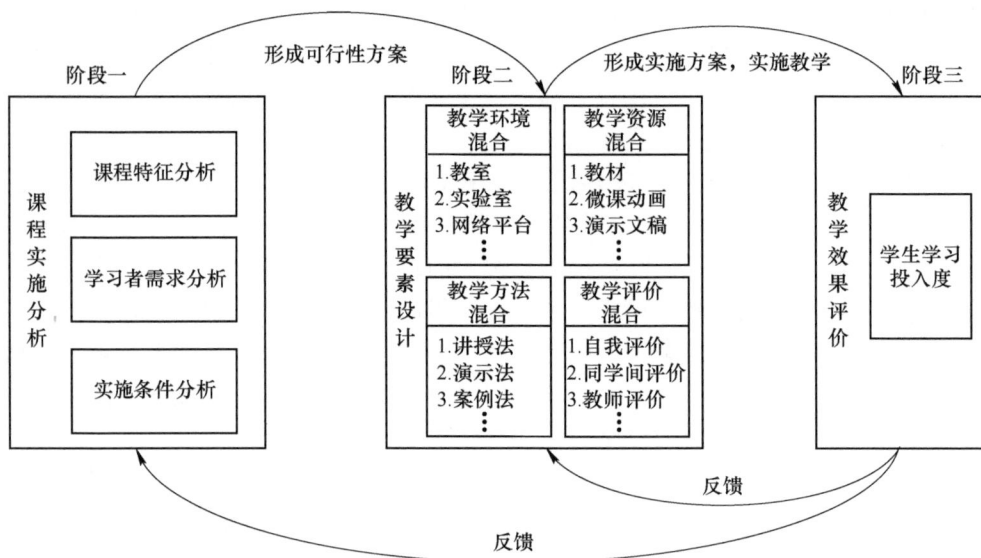

图 2-2 "三段递进，四维融合"混合教学模式框架

条件进行分析，如已有的教学环境与教学资源等。在上述分析的基础上确定课程是否适合开展混合教学及如何开展混合教学，并形成可行的实施方案。

阶段二：教学要素设计。 本阶段是实现混合教学模式的核心环节，主要是对教学环境、教学方法、教学资源、教学评价四个要素进行设计。

（1）教学环境混合。教学环境主要包括传统课堂、实验室等，不同的教学环境具有不同的教学功能。传统课堂适用于教师主导、师生交互的教学模式，如重点难点的讲解、课堂讨论及答疑、课堂练习、作业反馈等，因此理论课程教学场所通常在传统课堂；实践课程的教学环境主要为实验室。前两类课程对于教学环境的混合要求均较低。而理实一体化课程兼具了前两类课程的特点，需要根据教学内容及时更换教学场所，对教学环境的混合要求较高。

（2）教学方法混合。教学方法主要包括课堂讲授、演示、任务驱动式学习、在线自主学习、小组协作等。实践课程以学生自己完成项目任务为主要方式，对于教学方法的混合要求较低；相比之下，理论课程和理实一体化课程则需根据教学内容灵活选择合适的教学方法，因此对于教学方法的混合要求更高。

（3）教学资源混合。教学资源主要包括文本教材、多媒体课件、在线学习资源等。为了激发学生的学习兴趣，教师需要结合具体知识点、学生的学习特征、教学场所等为学生呈现多种形式的教学资源。从这个层面来看，无论哪类课程，对教学资源的混合要求均较高。

（4）教学评价混合。教学评价的作用主要是区分学生对知识点的掌握水平，传统的由教师主导的评价方式已无法全面反映学生的学习能力、合作能力、反思能力等各种信息。因此，各类课程都需要利用多元化的评价机制科学合理地对教学效果进行评估。

各类课程的混合要求见表 2-2，显然，本节所讨论的理实一体化专业课程对各教学要素的混合要求最高。因此本阶段将结合高职院校专业课程的教学特点以及教学设计的应用情境，对理实一体化专业课程的四个教学要素加以分析，进一步指导教学实施。

表 2-2 不同类型专业课程对教学要素混合的要求

课程类别	教学要素混合要求			
	教学环境	教学方法	教学资源	教学评价
理论课程	低	高	高	高
实践课程	低	低	高	高
理实一体化课程	高	高	高	高

阶段三：教学效果评价。本阶段旨在对所用教学模式是否切实提高了课程教学质量进行科学评估。教学效果的评价方法很多，大致可分为两类：一类是结果性的评价，例如作业、测试等均属于这一范畴，是在某些特定时间节点或阶段，对教学实施效果的评价。另一类是过程性的评价，例如系列问卷、课堂观察等，可以从多个维度、多个视角对教学效果进行全面剖析。高职学生具有学习主动性和专注力不够的特点，因此其学习投入度提高与否便可以作为评估教学效果的标准。本阶段则是在综合研究了已有以学校或教师为主导的教学效果评价方法基础上，引入学生学习投入度作为评价指标，试图对混合教学模式的教学效果进行科学评价，从而对前两个阶段的实施效果进行反馈。

2.3.4 应用案例分析——以"网络系统集成"为例

根据"三段递进，四维融合"的高职理实一体化专业课程混合教学模式框架，本节以高职物联网应用技术专业"网络系统集成"课程为例，对其实施过程及应用效果进行实证研究。

阶段一：课程实施分析。根据前述构建方案，从课程特征、学习者需求、实施条件三个方面进行分析。

从课程特征的角度来看，"网络系统集成"是物联网应用技术专业开设的一门理实一体化专业课程，该课程面向物联网系统的系统方案设计、工程实施、运行维护等岗位，以计算机网络系统集成工程中所涉及的用户需求分析、网络设计、设备选型、应用系统设计、综合布线等理论为基础，培养学生处理计算机网络系统的设计与实施、工程监理等行业典型案例的能力。从学习者需求来看，在以往的教学中，该课程较多地采用了课堂讲授的方法，偏重于对相关理论知识的介绍，某种程度上导致学生学习兴趣缺乏、教学效果不佳。但从授课过程中不难发现，学生对于实际的工程案例非常关注，他们更愿意了解如何将当前所学知识应用于将来的工作中。据此，考虑对原有教学内容加以调整，围绕组建校园网络系统这一目标，将课程内容分解为需求分析、网络系统设计、设备选型、网络综合布线、工程验收五个项目，课程知识结构如图2-3所示。从教学实施条件来看，目前，借助国家及省市各类教学质量工程与专项经费，大多数高职院校陆续开展了实验室建设、网络学习平台建设、教学资源库建设等项目，这为混合教学模式的顺利实施提供了条件。

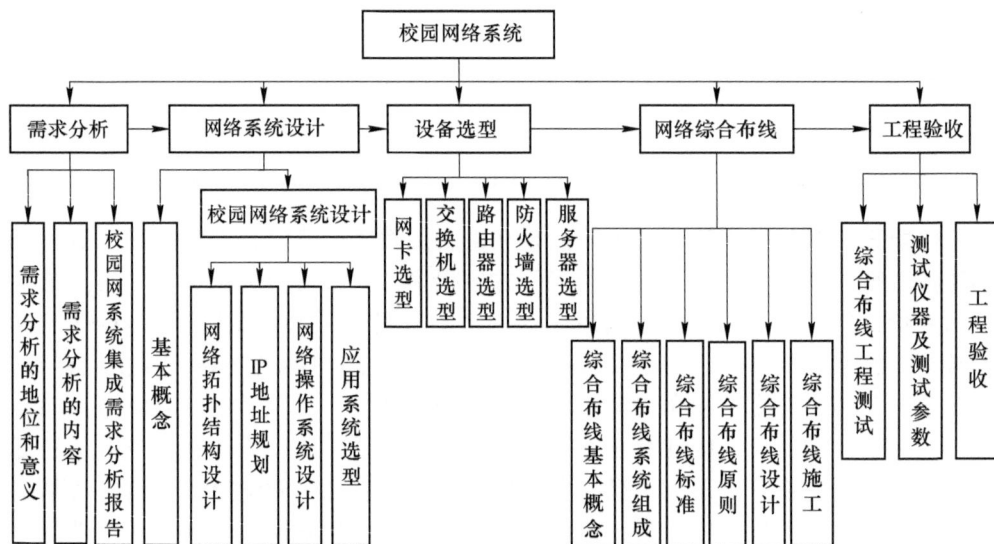

图2-3 "网络系统集成"知识结构图

阶段二：教学要素设计。以下将以项目三"设备选型"（见图2-3）中"网卡、交换机和路由器的选型"知识点为例，对教学环境、教学方法、教学资源、教学评价四个要素进行设计，具体见表2-3。

表2-3 "网络系统集成"教学要素设计方案（网卡、交换机和路由器的选型）

教学内容	教学环境	教学方法	教学资源	教学评价
网卡、交换机及路由器的基本知识（课前）	网络学习平台	1. 在线自主学习； 2. 任务驱动式学习	1. 微课视频； 2. 动画； 3. 课前学习任务单； 4. 讨论区	1. 课程平台的浏览情况； 2. 讨论区交流情况； 3. 教师线上调查

续表 2-3

教学内容	教学环境	教学方法	教学资源	教学评价
1. 网卡、交换机、路由器的工作原理； 2. 交换机、路由器的配置； 3. 网卡、交换机、路由器在实际工程中的应用（课中）	传统课堂	1. 讲授； 2. 讨论； 3. 案例教学； 4. 任务驱动式学习	1. 教材； 2. 教学 PPT； 3. 微课视频； 4. 工程案例	1. 学生自我评价； 2. 同伴之间对任务的完成情况进行互评； 3. 由教师通过课堂交流情况、任务完成情况、实验操作情况等对学生知识点的掌握程度进行评价
	实验室	1. 演示； 2. 任务驱动式学习	仿真软件	
工程案例设计方案完善（课后）	网络学习平台	在线自主学习	1. 讨论区； 2. 自测题； 3. 作业； 4. 工程案例	企业教师对学生的任务完成情况进行评价

可以看出，表 2-3 中针对不同的教学内容采用了不同的设计方案，具体如下。

首先是教学环境的混合。预习和复习主要依赖于网络学习平台，由学生进行课前自学、课后讨论、自测、完成作业等；授课过程中，主要使用传统课堂和实验室相结合的环境。

其次是教学方法的混合。课前主要由学生登录课程网络教学平台预习网卡、交换机及路由器的应用情境、功能等基本知识，并完成教师预留的课前学习任务，同时让学生在讨论区提出课前学习中的疑惑点。因此，采取的主要是在线自主学习和任务驱动式学习的方法。课堂上，教师在引入课程内容后，组织学生汇报课前学习内容，并提出在课前学习过程中存在的问题，而后对学生的汇报进行点评，并进一步讲解网卡等设备的工作原理，最后由学生根据课堂所学知识对原来的设计方案进行完善。因此，采用了课堂讲授、讨论、案例教学、任务驱动式学习等方法。实验室环境下，安排学生利用 Packet Tracer 仿真软件对交换机和路由器的参数进行配置，采用了演示、任务驱动式学习学习方法。课后，学生通过在线自主学习利用网络学习平台对课堂中所讨论的设计方案作进一步的完善，并完成作业。

再次是教学资源的混合。在本知识点的教学设计中，使用了微课视频、动画、课前学习任务单、教材、教学 PPT、工程案例等多种学习资源。

最后是教学评价的混合。选取了校内教师、企业教师、同学等作为多元化的评价主体，以及网络平台测试、作业、课堂交流情况等构成多元化的评价方式。

阶段三：教学效果评价。 本节选用学生的"学习投入度"作为教学效果的评价指标。学习投入度这一概念最早由美国印第安纳大学教授乔治·库（George Kuh）提出[14]，它强调了"学生的主体性"在教学质量评价过程中的重要作用，以此作为教育教学质量的指标，更能凸显学生的主体地位。

以 Schaufeli 等编制的（Utrecht Work Engagement Scale—Student，UWES—S）[15,16]为基础，本节根据高职学生的语言习惯及思考方式，且以更加突出各维度本身的特点为目标，对原有量表进行了必要修改。新的量表包括动机、精力、专注 3 个维度，共 15 个项目，采用李克特 7 级计分，"1"代表"从来没有"，"7"代表"总是/每天"，得分越高，意味着学习投入度越高，具体见表 2-4。

表 2-4　修改的学习投入度量表

维度	题　目	从来没有	几乎没有	很少	有时	经常	十分频繁	总是
动机	我的学习目的非常明确	1	2	3	4	5	6	7
	我觉得学习非常有意义	1	2	3	4	5	6	7
	我对学习感兴趣	1	2	3	4	5	6	7
	学习时，我觉得时间过得很快	1	2	3	4	5	6	7
	学习或上课时，我充满活力	1	2	3	4	5	6	7
精力	学习能够激发我的求知欲	1	2	3	4	5	6	7
	早晨一起床，我就充满学习的力量	1	2	3	4	5	6	7
	即使学习进展不顺利，我也能精力充沛地坚持下去	1	2	3	4	5	6	7
	我能充满活力连续学习很长时间	1	2	3	4	5	6	7
	学习时，我体验到了快乐	1	2	3	4	5	6	7
专注	在学习上，我喜欢探究新问题	1	2	3	4	5	6	7
	学习时，我达到了忘我的境界	1	2	3	4	5	6	7
	在学习过程中，即使精神疲惫，我也能很快恢复	1	2	3	4	5	6	7
	学习时，我能集中注意力，不易分心	1	2	3	4	5	6	7
	学习时，我很专注，以至于忘记了周围的一切	1	2	3	4	5	6	7

首先采用内部一致性对本量表的信度进行检验，总量表 α 系数为 0.913，动机、精力、专注分量表系数分别为 0.835、0.817、0.852。检验数据表明量表具有较好的稳定性。此外，三个因子的方差累计贡献率为 58.353%，说明量表结构效度良好。

调查中以某高职院校物联网应用技术专业学生为对象，分两个阶段进行，分别在课程开始前和课程结束后对不同学习模式（混合教学模式和传统教学模式）下学生学习投入度差异情况调查。两次调查均发放问卷 420 份，回收 396 份，回收率为 94.3%。经过筛选及统计处理，有效问卷 381 份，有效率为 96.2%。利用 t 检验对接受混合教学模式和接受传统教学模式的两类学生的学习投入度指标均值进行比较，从而研究不同学习模式下学生学习投入度的差异。

表 2-5 和表 2-6 所示分别为课程开始前和课程结束后接受不同教学方式的学生学习投入度调查结果，其中，＊＊表示 $P>0.05$，＊表示 $P<0.05$。可见，当显著性水平 $\alpha=0.05$ 时，课程开始前两类学生三个维度指标的统计概率为 $P>0.05$，即两者的学习投入度不存在明显差异；而在课程结束后，两类学生三个维度指标的统计概率为 $P<0.05$，这说明接受混合教学模式的学生与接受传统学习模式的学生，无论是在动机维度、精力维度，还是在专注维度，都具有较大的差异，即表明接受混合教学模式的学生具有更高的学习投入度。

表 2-5 课程开始前不同学习模式下学生学习投入度统计

维度	学习模式	人数	均值	标准差	t
动机	混合教学	168	4.3382	0.672	-0.41249＊＊
	传统学习	213	4.3573	0.634	
精力	混合教学	168	4.1852	0.816	1.4189＊＊
	传统学习	213	4.1225	0.858	
专注	混合教学	168	3.9897	0.492	1.3622＊＊
	传统学习	213	3.9323	0.501	

表 2-6 课程结束后不同学习模式下学生学习投入度统计

维度	学习模式	人数	均值	标准差	t
动机	混合教学	168	4.6874	0.581	6.9275＊
	传统学习	213	4.1332	0.742	
精力	混合教学	168	4.4653	0.698	4.8724＊
	传统学习	213	3.9878	0.925	
专注	混合教学	168	4.1765	0.376	6.4483＊
	传统学习	213	3.7896	0.592	

2.4 基于"雨课堂"的课程设计混合教学模式设计与实践

本节在分析课程设计特点和教学现状的基础上，借助于克翰八角理论设计了基于"雨课堂"的课程设计类课程的混合教学模式框架，并以应用型本科电子信息类专业的"单片机原理及应用课程设计"课程为例进行了实证研究。

2.4.1 课程设计的教学现状分析

2017 年起，教育部积极推动"新工科"建设，先后形成了"复旦共识""天大行动""北京指南"，系统规划了"新工科"的建设蓝图[17,18]，并对其人才培养提出要求，即要"把握行业人才需求方向"，"培养大批具有较强行业背景知识、工程实践能力、胜任行业发展需求的应用型和技术技能型人才"。可见，工程实践能力的培养是"新工科"背景下应用型高校人才培养的重要任务。

在应用型高校工科类专业人才培养方案中，实践性环节主要以实验、课程设计、实习等教学的形式实施，也可通过科技创新、社会实践等多种形式的课外实践活动完成。其中，课程设计类课程是培养学生综合实践能力及创新意识的重要环节。通常该类课程以专业人才培养方案中要求的单项或综合性专业技能培养为目标，通过让学生能够在工程环境中完成一个接近真实且相对完整产品或系统的方案论证、设计与实现，强化学生对理论的认识，增强学生的专业能力并培养学生的创新意识。教学实施过程中，除了实践训练外，还涉及相关的专业理论知识。然而，由于学生理论知识水平和自学能力存在差异，可能导致同一个班级学生在一门课程学习中出现两极分化现象。具体表现为理论知识掌握不牢固、自学能力差的学生通常无法在规定时间内完成任务；而理论知识掌握较好、自学主动性强的学生，能提前完成学习任务。但在传统课堂的教学模式下，由于课程学时数有限，很难兼顾学生的个性化需求，从而无法保证整体教学效果。因此，如何在现有资源条件下，通过改变教学方式并整合各教学要素，让不同学生的综合实践应用能力和专业技能得到不同程度的提高，是课程设计类课程教学改革中亟须探索和解决的实际问题。

混合教学模式可将教学过程的各要素，按需要进行融合，可突破传统教学的时空限制，为解决上述问题提供了有效的解决途径。以新型教学平台作为教学环境要素，整合教学方法、教学评价及教学资源等其他要素，构建混合教学模式是一个可行的途径。"雨课堂"平台就是一种可用于混合教学模式构建的新型移动教学平台，学生只需一部联网并且安装有微信的手机，通过扫码即可加入并使用；教师可通过在计算机中 PowerPoint 上加装一个插件，也可直接在手机微信上操作，使用方便。近年来，"雨课堂"已在翻转课堂[19]、混合教学模式[20-22] 设计中得到广泛的应用，但其范围主要集中于理论课程的教学方面，基于"雨课堂"的课程设计类课程的混合教学模式还有待进一步研究。

2.4.2 基于"雨课堂"的混合教学模式设计

本节尝试以"雨课堂"为平台，以教学环境、教学资源、教学方法、教学评价四个要素的设计为基础,对课程设计类混合教学模式的构建进行研究,并期望达到如下目标:在教学环境方面,可支持微信登录接收各类推送和通知功能;在教学资源方面,可支持课件制作、视频推送等功能;在教学方法方面,可支持随机点名、互动弹幕等教学互动的实现;在教学评价方面,可支持习题测试、投票评价等功能。基于"雨课堂"的课程设计混合教学模式框架如图 2-4 所示。具体实施步骤分为三个阶段。

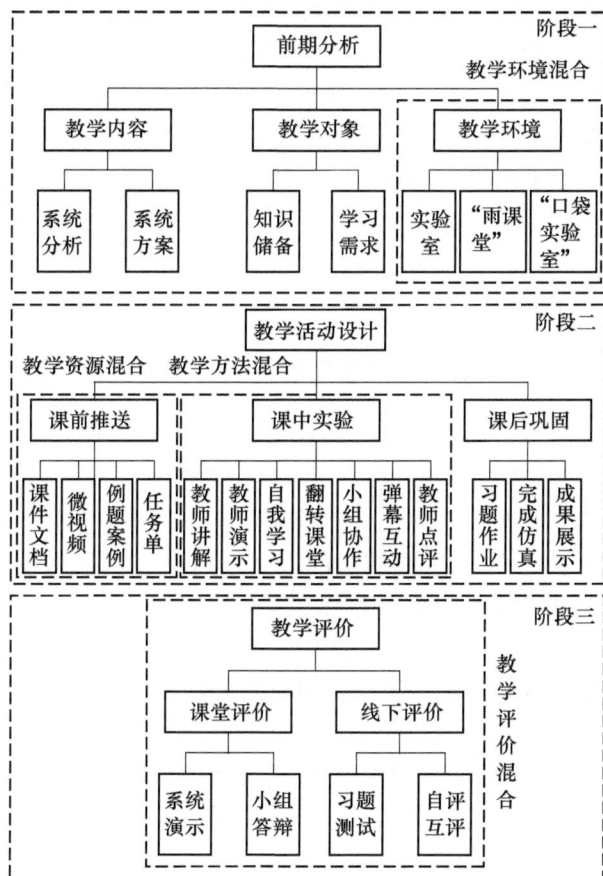

图 2-4 基于"雨课堂"的混合教学模式设计

阶段一:前期分析。主要包括对教学内容、教学对象、教学环境的分析。其中:教学内容分析的任务是针对课程设计的具体目标进行分析,并提出系统解决方案(系统方案由任课教师提前规划,可通过"雨课堂"移动学习平台提前推送给学生);教学对象的分析主要包括对学习者知识储备和学习需求的分析;教学环境的分析包括对实验室、"雨课堂"平台、"口袋实验室"的可用性分析。其中,"口袋实验室"是实践性环节教学的"口袋式"开发板,其体积小、价格便宜，学生可通过扫码方式向学院实验中心借用，在课后及其他合适时间进行自主实验，为实践性环节的泛在学习提供了必要条件。

阶段二：教学活动设计。主要包括课前教学资源的准备和推送，其形式包括课件文档、微视频、例题案例、任务单等。学生根据自身情况选择性地进行学习，教师通过"雨课堂"查看学生的预习情况、习题完成情况并给予打分和点评。课堂教学中，教师可采用讲解、演示、翻转课堂、小组协作、弹幕互动等教学方法，而学生可通过"雨课堂"实时发表想法、提出疑问，以实现线上互动与课堂交流的融合。课后，教师通过"雨课堂"发布作业，学生可利用"口袋实验室"完成仿真或实验，并通过"雨课堂"平台进行展示。

阶段三：教学评价。教学评价的目标是考核学生的系统设计、专业综合应用及口头表达能力等，采用线下与线上结合的考核评价形式。线下考核评价，采用以小组方式进行系统演示及汇报答辩的方式，线上考核以习题测试和互评、自评相结合的方式进行。通过对不同的考核方式设置不同权重，可获得对学生的综合应用和设计能力的评价。

2.4.3   应用案例分析——以"单片机原理及应用课程设计"为例

根据前述的混合教学模式框架，本节以"单片机原理及应用课程设计"为例进行实证研究，并评估其实施效果。具体步骤如下。

（1）前期分析。"单片机原理及应用课程设计"是电子信息类专业的集中性实践环节，共40学时，采用整周教学的方式进行。课程采用项目驱动式教学方法，要求学生在规定课时内完成一个系统的设计和测试任务。根据课程大纲，一共有3个可选设计项目，要求每两个同学一组，选择其中1个项目，通过小组合作形式进行对硬件和软件系统的设计，要求达到指示规定的功能要求，并完成系统的测试和运行。

本节以十字路口交通灯控制系统设计项目为例，具体说明所提出的混合教学模式的实施过程。该项目的具体功能要求：完成一个十字路口交通灯控制系统，数码管显示当前路口的剩余通行/禁行时间，发光二极管（红灯、黄灯、绿灯）为路口通行/禁行的指示灯，当有紧急车辆（比如救护车）通过时，有按键能够切换当前的通行状态让紧急车辆通过。系统方案如图2-5所示。

由于该门课程通常在第5学期（即大三年级上学期）结束时开设，学生已经普遍修完了电子电路类专业理论课程，如"数字电路分析""模拟电路分析"和语言类课程"C语言程序设计"，其配套理论课程"单片机原理及应用"在同一学期中开设，并在课程设计开课前已完成教学。该阶段大多数同学已掌握了相关的专业理论知识，但实践能力和综合系统分析设计能力有待得到加强。另外，学校的无线网络覆盖到全校范围，学生拥有一部安装了微信的手机即可登录"雨课

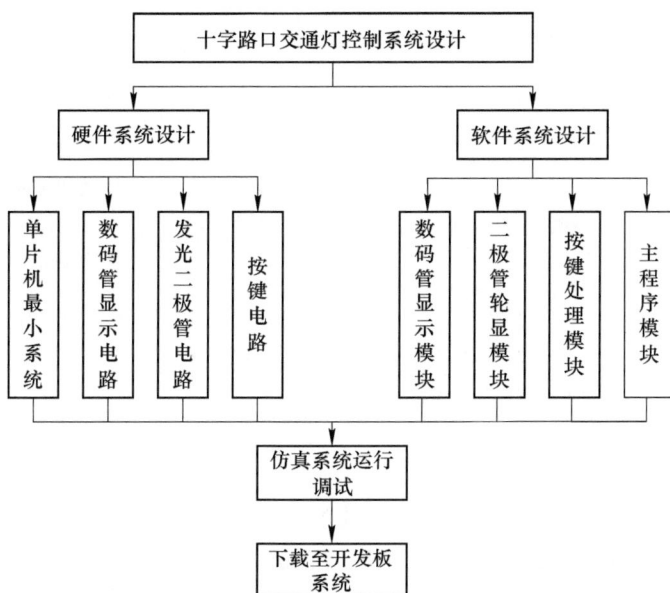

图 2-5 十字路口交通灯控制系统方案设计框图

堂"进行在线学习。同时，实验室的所有电脑也具备上网功能，"口袋实验室"设备也准备到位，能满足正常教学需求。

（2）教学活动设计。根据图 2-5 中整体设计方案，涉及的教学内容为硬件系统、软件系统、仿真系统、开发板系统。结合交通灯控制系统的功能要求，将四个系统细分成若干个知识点，对混合教学模式教学活动进行微观设计，具体见表 2-7。

表 2-7 基于"雨课堂"的混合教学模式的教学活动设计

教学内容	知 识 点	教学活动设计		
		课前推送	课中实施	课后巩固
硬件系统	单片机最小系统	1. 课件文档； 2. 微视频	1. 自主学习； 2. 教师讲解	—
	数码管动态显示			
	发光二极管原理			
	按键			
软件系统	数码管显示模块函数	1. 课件文档； 2. 微视频； 3. 程序例题； 4. 任务单	1. 自主学习； 2. 教师讲解； 3. 翻转课堂	1. 计算题； 2. 编程题
	二极管轮显模块函数			
	按键处理模块函数			
	定时器中断			
	主程序			

教学内容	知 识 点	教学活动设计		
		课前推送	课中实施	课后巩固
仿真系统	Proteus 和 keil 开发工具的使用	1. 仿真软件; 2. 工程案例	1. 教师讲解; 2. 教师演示; 3. 实践操作; 4. 小组协作	完成仿真
	软硬件仿真调试			
开发板系统	开发板介绍	开发板资料	1. 实践操作; 2. 互动讨论; 3. 教师点评	成果展示
	仿真电路与开发板异同			
	如何下载程序到开发板			

具体实施步骤如下。

1）课前推送——细化内容，推送教学资源。课前，向学生推送与知识点相关的教学资源，如"数码管动态显示"，该知识点属于理论课教学内容，由于在进行系统设计时会用到该知识点，教师搜集了优秀的微视频推送给学生，便于学生更加透彻地理解"数码管动态显示"；如"各分功能模块函数"，教师可结合交通灯系统的功能要求制作任务单，并搜集相关例程共享给学生，为学生编写各分功能模块函数时提供参考。

2）课中实施——因"知"施教，选择教学方法。课中，针对不同的教学内容和知识点，采用与之适配的教学方法。对于理论课中已有的内容，如"硬件系统"，课中将采用学生自主学习为主，教师讲解为辅的形式开展教学。对新的知识点，如"软件系统"，教师可根据课前学生完成任务单的情况，对部分任务单内容采取翻转课堂的教学方式。对需要协作完成的内容，如"仿真系统"，则采用小组协作的方式，以小组为单位完成仿真任务。

3）课后巩固——及时反馈，优化教学策略。课后，教师可通过"雨课堂"平台，向学生推送与项目相关的计算及编程练习，学生自主完成作业任务，并将结果上传到课程平台。同时，教师根据学生的反馈情况，优化调整教学策略，为教学效果的提升提供支撑。

（3）教学效果评价。通过向学生发放调查问卷、考试成绩两种方式对教学效果进行评价，具体如下。

1）调查问卷：笔者在某院 18 级电子信息工程专业两个班"单片机原理及应用课程设计"的教学中，实施了基于"雨课堂"的混合教学模式。为评价其应用效果，对 80 名学生进行了问卷调查，问卷通过问卷星平台发放，回收有效问卷 75 份。调查问卷中设计了 3 个问题，分别是关于学习体验、课前预习资源和课程学习满意度调查，调查结果如图 2-6 所示。对于"是否喜欢这种新型学习模式"问题，80%的同学表示喜欢，说明绝大多数学生认可这种学习模式；当问及"如何对待课前预习内容"时，86.66%的同学表示会看课前预习内容，并完成相应习题；当问及"与传统课堂相比，这种新型学习模式是否对学习有促进作用"时，80%的同学表示对学习有促进作用。

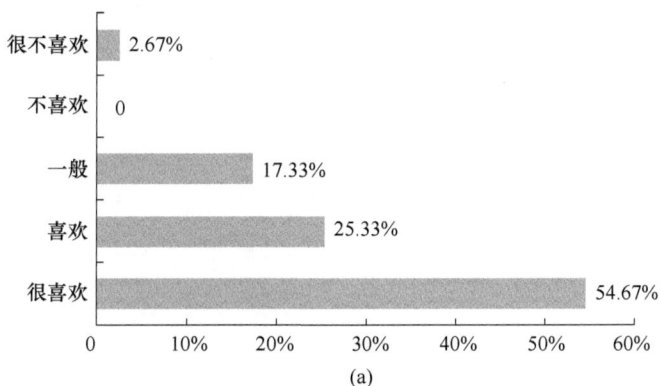

(a)

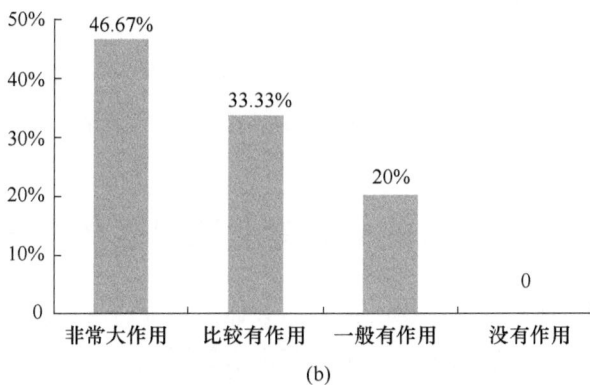

(b)

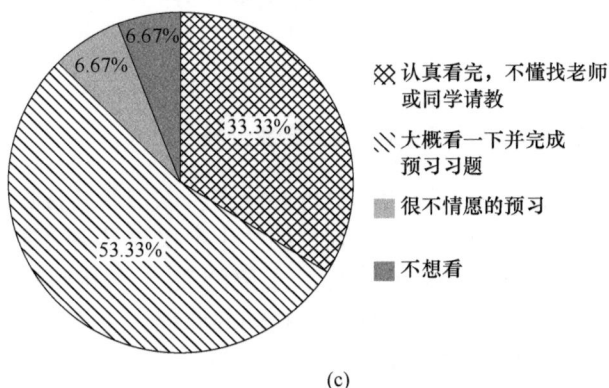

(c)

图 2-6 基于"雨课程"的混合教学模式实施效果调查统计结果

（a）是否喜欢这种新型学习模式；（b）如何对待课前预习内容；（c）新型学习模式是否对学习有促进作用

2）课程考核成绩的比较：将采用传统授课模式的 16 级电子信息工程两个班作为对照组，比较其与 18 级电子信息工程两个班"单片机原理与应用"课程（与"单片机原理及应用课程设计"相对应的理论课）期末考核成绩，据此评估基于"雨课堂"的混合教学模式的效果，其结果如图 2-7 所示。由图可见，实施混合教学模式的 18 级学生期末考试成绩的优秀率和良好率均高于 2016 级对照组。

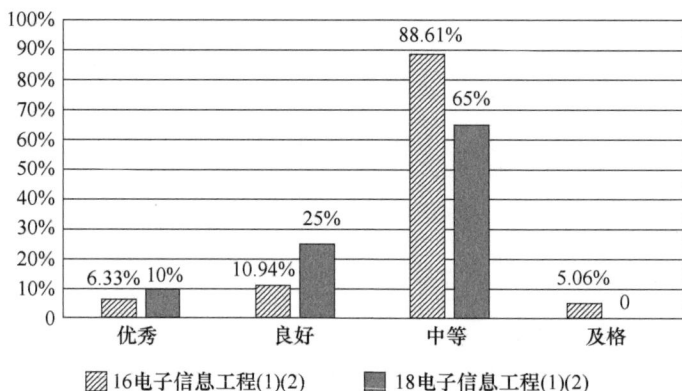

图 2-7　传统授课与混合教学模式下学生考核情况对比

2.5　面向产教融合的高职专业课程混合教学模式设计

本节介绍了一种面向产教融合的高职专业课程混合教学模式框架。首先分析了高职专业课程建设中所面临的供给侧与需求侧匹配度不高的问题，据此提出产教融合的必要性；而后尝试利用混合教学模式解决高职专业课程产教融合中的困境；进而以混合教学理论为指导，给出面向产教融合的高职专业课程混合教学设计框架。

2.5.1　产教融合在专业课程建设中的必要性分析

高职教育作为我国高等教育的一个重要分支，以培养具备良好职业能力的高级技能型、技术型人才为目标。高职院校的学生不仅要具备普通高等教育的专业知识素养，更要突出其职业性和实践性的重要特质[23]。高职院校的专业课程是专门培养学生专业理论、专业技术和专业技能的课程，它的开发与实施在实现人才培养目标的过程中占有重要地位。

随着社会经济发展方式的转变，产业结构面临着深度转型和升级，企业对于高职教育人才培养的职业性和实践性提出了更高的要求。在此背景下，以学校为主导所开设的高职传统专业课程逐渐呈现出供给侧（即高职院校）与需求侧

（即产业）匹配度不高的矛盾，从而影响了高职教育人才培养质量的提升。下面分别从高职教育的供给侧和需求侧两个方面对这一矛盾加以分析。

（1）从高职教育供给侧角度来看。我国的高职教育起步较晚，在其发展过程中深受普通高等教育的影响，较大程度地借鉴了本科层次学科体系的课程模式。因此，高职院校的专业课程普遍呈现出理论性较强、职业性和实用性不足等缺陷。但另一方面，高职院校的生源受多元化招生政策的影响，结构较为复杂，体现出多态性，包括普通高考、对口单独招生、自主招生等多种来源[5]。不同来源的学生在学习习惯、学习能力、学习动力等方面差异较大，这一现状给高职专业课程的实施与教学质量带来了一系列的影响。传统的由教师主导以理论教学为主的教学模式已无法有效解决这一问题。

（2）从高职教育需求侧角度来看。在目前以政府为主导的办学模式下，作为高职教育链的输出端，产业在人才培养过程中缺乏一定的话语权。但对于高职院校而言，应将产业的需求摆在第一位，其正确定位应该是"学生从学校到工作场所的过渡"[24]。若产业参与人才培养的力度不够，则高职专业课程服务于培养学生职业技能的力度将有所欠缺，从而导致其课程教学无法完全以学生的职业活动为中心，使得高职毕业生素质与产业的需求脱节。

如何解决这一矛盾，2018年，教育部等六部门共同发布的《职业学校校企合作促进办法》（教职成〔2018〕1号）中指出，"产教融合、校企合作是职业教育的基本办学模式，是办好职业教育的关键所在"[25]。可见，以产教融合为抓手，充分融合教育教学、生产劳动、技能提升、科技开发、社会服务等多个维度[26]，尽量缩短学校与职场的距离，是解决高职专业课程教学中供给侧与需求侧之间耦合度不高的重要途径。

2.5.2　基于产教融合的专业课程建设现状分析

产教融合是依托产业系统和教育系统各自的资源优势，从服务经济转型出发，以项目合作、技术专业、共同开发为思路，对产业、教育的各要素进行优化组合和高度融合，以实现协同育人及合作共赢为目的的一种教育活动方式[26]。

2.5.2.1　高职专业课程产教融合现状及困境分析

鉴于职业教育与产业之间天然的联系，产教融合是现代职业教育发展的必由之路。因此，众多学者针对产教融合人才培养模式在职业教育中的应用研究颇多，从早期的工学结合到如今的顶岗实习、校中厂、订单培养、现代学徒制办学等均属于产教融合人才培养模式的范畴。然而，由于产教融合人才培养模式具有"高职院校"和"产业"双主体的特点，面向产教融合的高职专业课程在推进过程中受到主体内部因素、双方耦合因素以及外部环境因素的影响[27]，存在着以下问题。

（1）从课程的顶层设计角度，高职专业课程的教学目标难以满足企业的岗位知识、能力、素质需求。在校企融合的过程中，高职院校与企业所追求的目标有所差异：学校以培养人才为目标，企业则以经济效益为目标。以往的校企合作办学模式下，学校占据主导地位，企业活动往往是围绕学校的培养目标进行安排。无论是企业参与学校实验室建设，企业工程师参与课程授课，还是学生进入企业实习，企业通常扮演着配角，并没有太多的发言权，而且经济效益的价值取向得不到保证，因此在产教融合中缺少参与的动力；另外，如果高职院校在校企合作过程中一味地满足企业用人需求，忽视对于学生的知识、能力、素质培养，就会偏离产教融合人才培养的目标，让学生成为廉价劳动力也不无可能，缺少可持续发展能力。

（2）从具体的教学活动角度，高职专业课在产教融合过程中面临着时空受限的困境。高职教育一般分为在校学习和企业实习两个阶段。在校学习阶段，通常进行理论课程和实践课程的授课，在此期间，学校会安排企业工程师参与部分课程的教学，让学生提前增加对企业的了解。但企业工程师毕竟有自己的工作任务，在参与授课时无论在时间还是在空间上都受到制约，校企双方无法达到一种无缝的对接，校企的教学内容也不能形成一个统一的体系。另外，高职学生的实习主要在企业完成，在企业实习期内，企业并没有切实从学生的培养角度对学生加以指导，而仅仅将实习生当作简单的劳动力；同时，由于校内教师不能对学生进行跟踪指导，造成人才培养的脱节。学校也无法对教学过程进行有效监控。

（3）从教学效果的评价角度，高职院校与企业无法按照统一的标准实施合理评估。从以往的教学效果评估方式来看，校内教师主要通过课堂表现、作业、考试等环节对学生进行评价，这需要与学生进行长期接触，对学生的学习情况进行全面了解；而企业工程师由于是间断性地参与教学，对学生的了解较为片面，学习成效的衡量缺乏必要的证据，较难获得可靠评价。

2.5.2.2　高职专业课程实施产教融合的关键问题

基于上述分析，在当前的高职院校人才培养过程中，要依托产教融合来有效实施专业课程教学，至少需要解决以下三方面问题。

（1）学校和企业共同参与课程的整体设计。这需要校企双方的参与者（即教师与工程师）密切配合，依据企业的岗位知识、能力、素质需求，确定课程的教学目标，并将企业的生产标准、技术标准融入教学大纲和课程内容，进一步完成教学内容的优化、教材的选取或编写、教学模块的划分等设计细节。然而，学校和企业毕竟是两个独立的主体，课程设计过程中两者的协同工作需要依赖于一个共同的平台，从而打造一个多主体共赢互利的生态圈[26]。

（2）解决在课程教学中的时空受限问题。将线上与线下教学相结合，实现教学过程在学校和企业之间的无缝对接。学生在校学习期间，企业工程师既可以到学校参与传统课堂教学，也可以通过学习平台等工具进行线上教学，如企业仪器操作演示、企业工作场景介绍等无法通过传统教学方式呈现的学习内容更适合实施线上教学。校内教师授课时，若涉及与企业相关的技术或教学内容时，也可以通过网络平台与企业工程师之间进行实时互动。学生在企业实习阶段，学生可以通过平台与校内教师保持沟通，获得及时的指导。这样，通过网络教学平台、学生的移动终端等技术工具，可有效解决时空不一致条件下的教学实施。

（3）建立全面可靠的学生学习效果评价机制。显然，在整个评价过程中，评价的主体由校内教师与企业工程师组成，评价的客体是学生，两个评价主体从各自不同的角度对客体进行融合式的评价。因此，一方面，从评价指标层面，应针对不同评价主体的关注点进行不同设计；另一方面，从评价实施层面，应通过网络学习平台，利用讨论区、在线测试、调查问卷等形式增加学生与学校教师和企业工程师之间的互动，从而促进教师（特别是企业工程师）对学生的了解，使得评价主体（即校内教师与企业工程师）均可获得用于评价的可靠数据。

综上所述，面向产教融合的专业课程建设，首要任务是为学校和企业提供一个共同的平台。随着现代信息技术、大数据技术的不断发展，网络平台对于消除学校和企业间的信息不对称、提高信息传递效率、形成校企高效沟通机制具有重要意义。同时，通过网络平台实施的在线教学为解决产教融合过程中教师与学生沟通的时空受限提供了重要的解决途径。但是，单纯依赖于网络平台的在线学习对于学生自主学习的能力要求较高，我们也必须认识到教师的面授环节在教学中的主导地位[28]，混合教学最初的思路正是将线上教学与线下教学相结合，打破时间和空间的限制，为课程的教学双方提供一个互联平台。

针对产教融合专业课程教学中的困境，本书考虑采用混合教学模式解决上述问题。即如何根据专业课程的特点以及高职生源的具体情况，分析传统课堂和网络平台在课程教学过程中的作用和应用时机，合理选择不同教学环境下的学习资源，采用合适的教学方法和考核评价机制，使传统课堂教学和在线学习达到辩证统一。

2.5.3 面向产教融合的混合教学模式设计

较之于传统课堂教学，混合教学模式可以根据学习者、学习情境、学习内容及学习过程等要素[29]选择与之适配的教学策略，灵活度高。若高职院校能将混合教学模式应用于产教融合的专业课程建设中，对于解决目前产教融合的困境、提高教育教学质量、实现人才培养目标具有重要意义。混合教学模式的构建，其实质是为达成预期的教学目标，对教学过程中所涉及的各要素进行结构化定位并形成最佳策略的过程[29]。Bonk[11]认为混合教学过程包括识别与定义学习需求，根据学习者的特征制订学习计划和测量策略，根据实施混合教学的环境确定开发学习内容、执行计划、跟踪过程并对结果进行测量等四个环节。本书结合高职专业课程教学的特点，对上述四个环节加以适当整合，将混合教学模式的设计划分为教学条件及需求分析、教学设计与开发、教学效果评价三个阶段。对于教学设计与开发环节，不仅需要从课程整体层面到微观教学层面的设计，还需要合理选择参与混合的教学要素。李云文等[30] 在高校课程混合教学模式设计中，采用了从宏观到微观、从上到下逐步求精的系统设计方法。但文中主要针对的是普通本科课程，并未考虑高职教育的特点。克翰[1] 认为在创设富有意义的混合环境时需充分考虑机构、教学、技术、界面设计、评价、管理、资源支持和伦理八种要素，却没有涉及如何利用混合教学解决产教融合困境的问题。本书结合高职教育的特点，针对产教融合的困境，根据高职专业课程的教学实际，提出一种面向产教融合的混合教学模式，基本框架如图 2-8 所示。

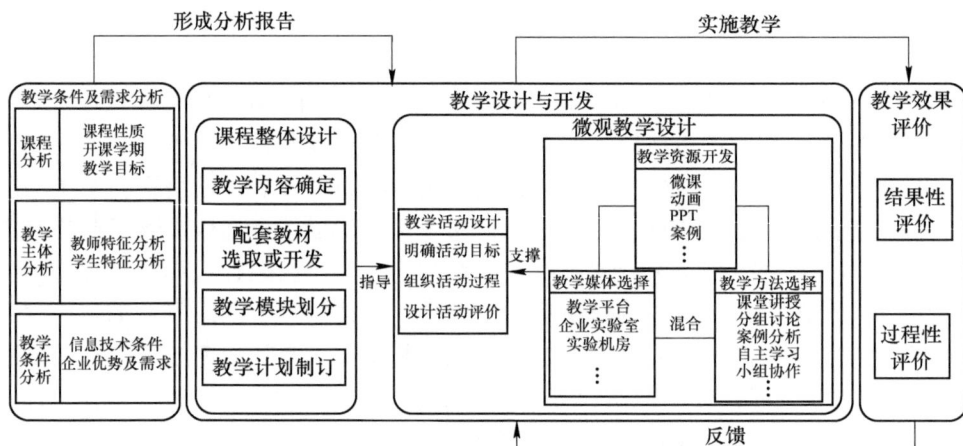

图 2-8　面向产教融合的混合教学模式框架

阶段一：教学实施分析。教学条件及需求分析是混合教学模式设计的基础，主要包括课程分析、教学主体分析、教学条件分析三方面工作。

（1）课程分析。课程性质、开课学期、教学目标等均属于课程分析的主要内容。根据培养目标及教学内容等方面的差异，可将专业课程分为理论课程、实践课程以及理实一体化课程三大类别[3]，不同类型的课程在实施混合教学时的要求不尽相同，需要有针对性地设计教学和制定评价。明确的教学目标无论对教学计划制订还是教学内容选取、教学活动设计等环节均极具指导意义。此外，课程的开课学期决定了后续设计环节中企业参与的方式及比重。对于高职院校的学生而言，通常情况下第 1~4 学期在校内学习，此阶段应着重对本专业所需的相关概念、原理、应用等进行理论学习与实验验证，培养基本的职业素养与技术技能基础；第 5 学期开始进入企业实习，该阶段应以企业实战为主，训练扎实的综合职业能力，为其步入工作岗位提供衔接。

（2）教学主体分析。教师和学生是参与教学过程的主体，是混合教学系统中的重要元素。教师特征分析主要是明确教学者属于具备扎实理论基础的校内教师还是具有熟练实战技能的企业工程师，从而根据校内教师的专业技能，企业工程师的理论素养、时间分配等在后续环节中针对两类群体设计不同类型的教学活动、选择不同的教学媒体和方法。学生特征包括学习风格[6]、智力水平、原有知识技能基础、学习期望等因素。混合教学应根据学习者的特征制定不同的教学策略，为学习者提供差异化、定制化的教学模式。

（3）教学条件分析。教学条件主要涵盖两个方面：一方面是信息技术条件，如计算机等设备的配置、网络环境、教学平台性能等，这是混合教学得以顺利实施的硬件前提；另一方面是合作条件与资源，在产教融合的过程中，既要充分挖掘并利用合作企业的优势，也要关注企业对学校的要求，尽量提高学校的社会服务能力，争取在融合中获得双赢，为长效合作奠定基础。

阶段二：教学要素设计。本阶段是混合教学模式构建的核心环节，该环节依据阶段一所形成的分析报告，分别从课程整体设计和微观教学设计两个层面进行产教融合教学设计。

（1）课程整体设计是在前期分析的基础上，组织学校教育专家和行业企业技术专家确定教学内容，选取或开发配套教材，对教学模块进行划分，并进一步制订教学计划。为了保持高职专业课程的职业性和实践性的特点，在进行课程整体设计的过程中，应充分考虑行业企业技术专家的意见，真正意义上做到面向行业企业建设课程，使学校教学过程与产业实际需求紧密融合。

（2）微观教学设计是以课程整体设计为指导，根据具体的教学内容和目标进行教学活动的设计，并通过对各教学要素的选择及混合为教学活动的实施提供支撑。关于教学要素的选择，黄贤[12]在高职信息检索课混合教学模式设计中对克翰所提出的八要素进行了整合，认为教学环境、教学方法、教学资源、教学评价是影响混合教学效果的关键要素。而对照混合教学设计的各步骤，教学环境及教学评价应分别属于教学条件与需求分析和教学效果评价两个阶段的工作。另外，李克东[31]认为混合教学研究的本质是对信息传递通道的研究，以促进学生接受知识并保证其有效学习为目标，选择适当的信息传递通道。因此，此处选取教学资源、教学媒体及教学方法作为混合要素，为教学活动提供支撑。

在产教融合混合教学过程中，教学活动设计是前提：教学活动是将教学内容传递给学习者的载体，教学者根据教学目标明确教学活动目标，从而组织教学活动，并对学习者参与活动的情况进行科学评价。教学资源开发是基础：学校专任教师及企业兼职教师须根据知识点、技能点的特征，将其制作成微课、动画、PPT、案例等形式的教学资源，为学习者提供学习素材。教学媒体选择是关键：混合教学与传统学习模式最明显的区别在于教学媒体（即信息传递方式）的多样性，包括课堂教学、基于 Web 的课件、网络研讨会、实验室模拟、视频、导师等，根据施拉姆媒体选择定律，应结合学习者的学习需求、学习条件、学习习惯等为其选择适合的媒体，以最小的可能成本换取最高的学习效果。教学方法选择是保障：教学内容是否得到了有效传输，教学方法是重要的保障。无论是学校还是企业教学场所，教学者应视具体情况正确选择课堂讲授、分组讨论、案例分析、自主学习、小组协作等教学方法。可见，产教融合微观教学设计即是在教学过程中根据不同问题、要求，将教学资源、教学活动、教学媒体、教学方法等要素进行混合，以最小的代价换取最大的效益。

根据阶段一和阶段二的设计思路，本节给出面向产教融合的混合教学模式教学设计单，见表 2-8。

表 2-8 面向产教融合的混合教学模式教学设计单

阶段一	课程基本信息	课程名称			
		课程性质	□理论课程 □实践课程 □理实一体化课程		
		开课学期			
		教学目标			
	教学主体信息	授课教师		姓名	来源	专业研究方向
			1		□专业 □兼职	
			2		□专业 □兼职	
		学生信息		班级	学习风格	先修专业课程
			1			
			2			
	教学条件	合作企业	是否提供网络教学平台	授课地点	
			□有 □无	□教室 □实验室 □机房 □其他	
阶段二	整体设计	教材			
		教学模块		主要内容	学时
		1			
		2			
	微观设计	授课章节名称			
		教学活动说明			
		活动环节1	教学资源	教学媒体	教学方法
		活动环节2	教学资源	教学媒体	教学方法

阶段三：教学效果评价。作为混合教学模式框架的阶段三，教学效果评价旨在对所提出的教学模式是否能切实提高教学质量进行评估，从而实现对阶段二工作的反馈和修正。目前，对于教学效果的评价方法一般可以分为两类：一类是结果性评价，通常在教学活动结束后进行，单元测验、期末考试等量化评价方式是结果性评价的主要模式；另一类是过程性评价，这种评价一般采用以过程性的观察为主的质性评价方式，通过对学生学习过程中的情感、态度、价值观等进行观察来了解其学习效果[32]，具有较强的实时性。显然，结果性评价可以直观地反映学情，但过分依赖于结果将会导致教学中的功利思想从而忽略了人的发展价值，过程性评价恰好可以弥补这一缺陷，它不仅着眼于学生的全面发展，还能够即时、即地反馈学生的学习过程。因此，本节将尝试采用一种结果性评价与过程性评价相结合的教学效果评价机制。

本节拟采用崔允漷[33]提出的基于 LICC 范式的课堂观察评价方式。所谓课堂观察的 LICC 范式，一般是通过除课堂教学双方外的第三方，从学生学习（Learning）、教师教学（Instruction）、课程性质（Curriculum）以及课堂文化（Culture）四个维度中选择合适的观察点对课堂现场进行观察，从而有目的地获取信息并加以分析和运用的一系列活动。文献［34］提出通过学生在课堂中的行为态度量表对教学效果进行评估。该量表正是基于专业化课堂观察中的 LICC 范式，从学生学习过程中的行为态度出发而设计，根据学生处于不同行为态度的时间对其在课堂中的学习主动性进行量化，从而计算出有效教学时间和无效教学时间。该评价方法不仅可以对教学的有效性进行实时评估，也能够通过对微观个体的观察，为实现混合教学模式下的个性化、差异化教学提供依据。本节以文献［34］中的行为态度量表为依据，设计了一种适用于不同类型高职专业课程的行为态度记录表，具体见表 2-9。

表 2-9 产教融合专业课程混合教学课堂中学生的行为态度记录表

学生行为态度开始及结束时间	活动环节 1		活动环节 2		…		活动环节 N	
	P1B1	P1B2	P2B1	P2B2	…	…	PNB1	PNB2
分（m）—— 分（m）								
分（m）—— 分（m）								
分（m）—— 分（m）								

表中记录的是被观察者在各个活动环节内有效学习和无效学习的起止时间，其中，PNB1 表示有效学习时间，有效学习的行为态度包括按老师的要求翻阅教材及参考书等教学资料、关注老师的讲解、积极参加老师布置的任务等；而诸如上课发呆、看手机、不参与小组讨论等行为则属于无效学习。后期可综合各活动环节的有效和无效学习时间总和判断课堂的有效教学时间。

课程最终的教学效果可以综合课堂观察所得到的有效教学时间和阶段测试、期末考试等结果性测试给出。

2.6 小结

本章对应用型高校课程体系中的理实一体化、课程设计两类课程的混合教学模式设计进行了阐述，并以电子信息类专业两门专业课程为例进行了案例分析及应用效果的验证。同时，本章对面向产教融合的混合教学模式设计问题也进行了研究，剖析了其中存在问题，并提出了相应的解决策略。在今后的研究与实践中，还需进一步考虑如下问题。

其一，对教师而言，采用混合教学模式后，将面临工作量骤增的问题。众所周知，丰富的教学资源、多样化的教学活动、实用的课程平台等是实施混合教学的前提。显然，相较于传统教学而言，教师除了正常授课外，还需要增加课前学习资源建设、课堂教学活动设计以及课后网络平台互动等额外工作，其工作量非常可观。对于这个问题，仅凭教师的奉献精神是不够的，学校层面也应给予一定的政策支持，例如：将课程资源建设纳入工作量计算环节；细化教师的分工，让具有不同才能的教师负责相应的一部分工作；通过各类比赛鼓励教师制作优秀的教学资源。同时，学校也应有意识地为教师提供必要的技术支持与保障，用以解决混合学习模式的实施过程中产生的教学资源的建设、课程平台的维护等实际问题。此时，学校还要综合考虑产教融合背景下混合教学模式设计的实际问题，从制度层面有所规划。

其二，对学生而言，如何让混合学习成为一种科学有效的教学模式，而非简单的教学组织形式的改变就显得十分重要。首先，差异化和定制化的教学是混合学习的特点和优势，但现有方法差异化和定制化的力度显然不够。对于一个班的学生，教师仍将其视为处于同一层次，对具有不同知识背景和理解能力的学生采用相同的教学方法。该问题的解决需要依赖两个方面的努力：作为学校，需要修正现有的一刀切的学分管理模式，制定灵活的学分管理模式来满足不同学生需求，让他们能够根据自己的状态制订学习计划，掌握学习进度；作为教师，需要通过学习风格调查等手段对自己的学生有充分的了解，从而做到因材施教。其次，在教学环境切换的过程中，如何对处于各个教学环境中的学生进行有效管理，是对教师提出的更高要求。如当教学场所移至实验室，甚至通过没有教师监管的网络平台学习时，需要教师采用更有效的方法对学生的学习过程进行管理、跟踪与校正，以保证教学的有效性。

其三，对于产教融合背景下的混合教学模式而言，教学条件及需求分析、教学设计与开发、教学效果评价三个要素更加务实，进一步深化与企业的合作，并充分考虑到企业方的价值需求。具体为：在教学条件及需求分析过程中不能流于表面形式，而应深入挖掘课程的特征，并对学情、合作企业情况等信息了然于心。教学设计与开发是混合学习模式构建的核心，应加强与企业的合作，使产教融合在课程教学这个人才培养的主阵地落到实处。

参 考 文 献

［1］ Khan B H. Flexible learning in an information society ［M］. Hershey：Information Science Publishing，2007.

［2］ 尤殿龙，申利民，欧新菊. 弹性学习的内涵、框架和应用研究 ［J］. 电化教育研究，2010（10）：32-36.

［3］ 徐国庆. 职业教育课程、教学与教师 ［M］. 上海：上海教育出版社，2016.

［4］ 高丽洁. 微课嵌入高职理实一体化课程研究 ［J］. 辽宁高职学报，2016，18（6）：51-54.

［5］ 胡晓燕，胡国兵. 高职院校招生的趋势分析与对策研究 ［J］. 文教资料，2014（34）：113-115.

［6］ 高燕，胡国兵，鲍安平，等. 高职院校不同生源结构的学生学习风格的差异研究 ［J］. 文教资料，2016（2）：161-162.

［7］ Lalima K L D. Blended Learning：An Innovative Approach ［J］. Universal Journal of Educational Research，2017，5（1）：129-136.

［8］ 齐励，康乐. "翻转课堂"下"基础会计"课程的教学改革 ［J］. 教育与职业，2014（21）：126-127.

［9］ 陈然，杨成. SPOC 混合学习模式设计研究 ［J］. 中国远程教育，2015（5）：42-47，67，80.

［10］ 崔凌霄. "互联网+"工学结合的混合学习模式 ［J］. 教育与职业，2017（5）：108-112.

［11］ Bonk C J. The World Is Open：How Web Technology Is Revolutionizing Education ［M］. San Francisco，CA：Jossey-Bass Inc. Publishers，2011.

［12］ 黄贤. 高职院校信息检索课混合学习模式设计与应用研究 ［D］. 重庆：西南大学，2013.

［13］ 黄丽莉. 混合式学习在信息技术课程中的应用研究与实践 ［D］. 扬州：扬州大学，2008.

［14］ Kuh G D. The national survey of student engagement：Conceptual and empirical foundations ［J］. New Directions for Institutional Research，2009（141）：5-20.

［15］ Schaufeli W B，Martinez I M，Pinto A M，et al. Burnout and engagement in university students：A cross-national study ［J］. Journal of cross-cultural psychology，2002，33（5）：464-481.

［16］ 方来坛，时勘，张风华. 中文版学习投入量表的信效度研究 ［J］. 中国临床心理学杂志，2008，16（6）：618-620.

［17］ 胡明茂，孙煜，齐二石，等. 新工科背景下的地方应用型本科院校实践教学建设 ［J］. 实验室研究与探索，2019，38（7）：223-227.

［18］ 商泽进，邓庆田，李新波，等. 基于"新工科"理念的理工基础学科实验教学改革设计 ［J］. 实验技术与管理，2019，36（9）：149-150，168.

［19］ 李玲，陈超. 基于雨课堂的科技信息检索课翻转课堂教学 ［J］. 图书情报工作，2019，

63（12）：66-71.

[20] 陈曦. 基于雨课堂的高等数学混合式教学模式思考［J］. 现代经济信息，2017
（8）：431.

[21] 李晓英，王晓兰，曾贤强. 雨课堂对"模拟电子技术"混合式教学的启示［J］. 中国教
育信息化，2017（12）：82-84.

[22] 李婷婷. 雨课堂支持下高职专业课程混合式学习研究——以"电子商务物流管理"课程
为例［J］. 产业与科技论坛，2017，16（13）：145-147.

[23] 杨善江. 产教融合：产业深度转型下现代职业教育发展的必由之路［J］. 教育与职业，
2014（33）：8-10.

[24] 刘立新. 德国职业教育产教融合的经验及对我国的启示［J］. 中国职业技术教育，2015
（30）：18-23，37.

[25] 教育部. 教育部等六部门关于印发《职业学校校企合作促进办法》的通知［J］. 中华人
民共和国教育部公报，2018（Z1）：70-74.

[26] 孔原. 基于互联网思维的产教融合模式创新与实践［J］. 职教论坛，2015（8）：62-65.

[27] 柳友荣，项桂娥，王剑程. 应用型本科院校产教融合模式及其影响因素研究［J］. 中国
高教研究，2015（5）：64-68.

[28] 吴刚. 从工具性思维到人工智能思维——教育技术的危机与教育技术学的转型［J］. 开
放教育研究，2018，24（2）：51-59.

[29] 胡志金. 论混合学习设计的适配原则和定位策略［J］. 中国远程教育，2009（3）：36-
40，79-80.

[30] 李云文，王铁方，杨屹. 混合学习如何切入高校课程——论基于混合学习的高校课程设
计模式［J］. 教育理论与实践，2010，30（36）：51-53.

[31] 李克东，赵建华. 混合学习的原理与应用模式［J］. 电化教育研究，2004（7）：1-6.

[32] 姜艳华. 试论过程性评价与结果性评价的同一［J］. 当代教育论坛（学科教育研究），
2007（4）：52-53.

[33] 崔允漷. 论课堂观察 LICC 范式：一种专业的听评课［J］. 教育研究，2012，33（5）：
79-83.

[34] 徐坚，高华，张文珊. 任务单形式课堂教学法对职业教育学生学习主动性的课堂观察研
究［J］. 职教论坛，2017（6）：82-85.

3 基于首要教学原理的混合教学 模式设计与实践

3.1 引言

2019 年 10 月 30 日，教育部发布的《关于一流本科课程建设的实施意见》中明确指出：一流本科课程建设的标准为"高阶性、创新性与挑战度"，即所谓的"两性一度"。这既是本科课程建设水平的检测器，也是其课程建设方向的指示器。

众所周知，随着移动互联网技术的快速发展，以互联网为主要载体的线上课程、融合互联网与传统物理空间为载体的线上与线下混合式课程等新型课程已成为一种趋势。尽管如此，传统线下课程在大学的课程教学中仍具有重要地位。某种意义上说，线上课程、线上线下混合式课程突破了传统课程教学的时空限制，提供了全新的课程教学模式，并在新冠疫情时代的教学实施中发挥了重要作用。但更重要的是，这种模式为传统线下课程改革，特别是实施混合式教学提供了重要的启发与参考。

对于应用型本科的工科类专业，通常有两类线下课程极具代表性。一类是理论性较强的专业课，如电子信息类专业中"信号与线性系统""数字信号处理""自动控制原理"及"通信原理"等课程，其内容体系中对数学的依赖性较强，涉及大量的、高深的数学推导，学生不易理解，课堂教学的互动性不足。另一类是理实一体化课程，如"单片机原理与应用""嵌入式系统与应用"，此类课程的实践性较强，教学过程中通常以边讲边练的方式开展，但受时空条件所限，学生也不易获得充分的实践训练。因此，这两类课程要达到一流本科课程的"两性一度"要求，实施混合教学模式是一个合理的选择。

这两类课程本身虽各有特点，但也存在共同之处，主要体现在，第一，教学组织形式上，往往以线下为主、线上为辅。在新冠疫情期间，线上教学方式替代了原有线下课程的功能，同时也积累了相对完整的网络课程资源。而在后新冠疫情时代，线上教学资源的功能逐渐退化为学生课前预习或课后复习服务。第二，教学资源的呈现形式较为单一。虽然由于新冠疫情倒逼，大部分线下课程建立了线上网络课程资源，但其质量参差不齐。另外，其他新型教学资源（如微课等）尚有待开发与完善。某种意义上讲，这些资源为线下课程开展混合教学提供了基础性资源，但要构建较为完善的混合教学模式，至少还需注意以下两个问题：一是，如何进一步整合利用现有网络教学资源，选择合适的、对资源依赖性较小的教学方法，构建针对传统线下课程的混合教学模式；二是，如何优化微课等新型网络教学资源的设计、丰富现有教学资源体系，为进一步提升线下课程混合教学的实施效果提供有力支撑。

首要教学原理，作为一种基于问题导向的教学设计框架，强调教学过程中的师生互动，重视学生知识建构。另外，基于该原理的教学设计对资源的依赖性弱，因此，首要教学原理为线下课程的混合教学模式设计提供了灵活、有效的理论支撑[1-5]，同时也可用于指导微课教学设计。本章尝试基于首要教学原理对应用型本科线下专业课程混合教学模式的构建、微课的教学设计与资源制作等两个问题进行研究。首先，介绍了首要教学原理的基本理论框架。然后，以"数字信号处理"课程为例，对线下专业理论课程的混合教学模式及相关支撑性要素的设计进行了详细阐述。进而，以"单片机原理与应用"课程为例，介绍了基于首要原理的微课教学设计与制作方法。

3.2 首要教学原理

首要教学原理是美国教育专家梅丽尔教授（M. David Merrill）于 2002 年正式提出的[3]，其核心观点是，将待讲授的教学单元定义成一个问题，并创设有利于问题理解与解决的特定情景，建立以"聚焦问题"为中心，以"激活旧知—示证新知—尝试练习—融会贯通"为主线的四阶段教学结构，具体如图 3-1 所示。基于首要教学原理的教学设计方法，又称为五星教学法[5,6]。就理论研究而言，国内浙江大学的盛群力教授在该领域有较多建树[1,5,7,8]；就应用而言，首要教学原理，已广泛应用于教学资源建设[9-11]、翻转课堂的构建[12,13]、迭代式项目学习的设计[14] 等众多场合。有关首要教学原理的形成与发展历史，可参阅文献［15］。

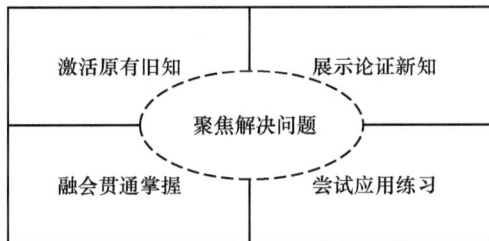

图 3-1　首要教学原理的要素构成

首要教学原理各要素或五星教学法中各环节的实施要点说明如下。

（1）聚焦问题：首先将特定教学单元或知识点定义成一个问题，将整个教学过程转化为对这个问题的分析与解决过程。在进行问题定义时，一般需创设情境，然后在情境中将问题自然引出。用于情境创设的要素可以来自教师的科研项目成果、行业应用案例以及与知识点相关的故事、新闻等。这样的问题引入方式，可引发学生对知识点在工程实践与日常生活中的应用思考，有助于培养其专业兴趣。教师可通过移动教学平台发布课前热身任务，学生通过调查、观看视频、网络搜索等方式获取相关信息，为课中问题的提出、分析提供必要的准备。

根据美国学者乔纳森的观点，可将问题分为 11 种类型[16]，即：逻辑问题、运算问题、故事问题、规则应用/规则归纳问题、决策问题、故障排除问题、诊断问题、策略绩效问题、政策分析问题、设计问题、两难问题。这 11 类问题又可分为良构与劣构两类：所谓良构问题是指限定性条件的问题，它具有明确的已知条件，并在已知条件范围内运用若干规则和原理来获得同一性的解决方法；劣构问题的特点是具有多种解决方法、解决途径和少量确定性的条件，其解决方案不唯一。按这个分类标准，在信息类专业课程教学中涉及的问题分三类：第一类是良构问题，如 Z 变换、反变换的求取；第二类是劣构问题，如两类数字滤波器的设计与比较；第三类是介于良构与劣构之间的问题，权且称为拟劣构问题，如实际应用中，滤波器的选型、参数配置等。一般而言，劣构问题更有利于培养学生的高阶思维及解决实际问题的能力。因此，在进行问题设计时应尽可能以劣构问题的方式提出，或者在良构问题中融入劣构的因素，如加入工程化情境、生活情境等。

图 3-2 所示为笔者认为的与工科类课程教学有关的 6 种典型问题类别。

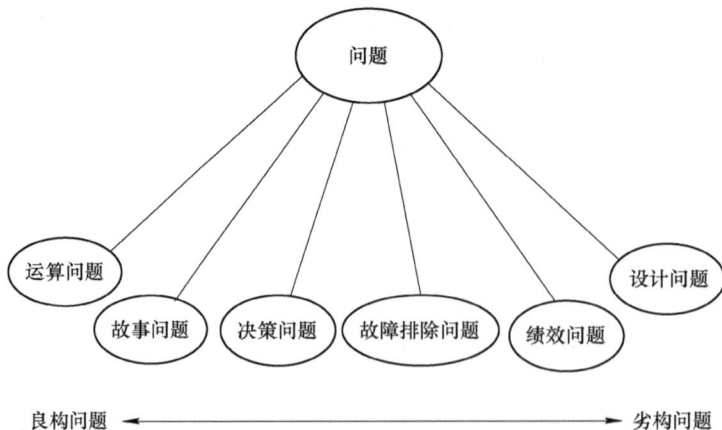

图 3-2 工科类专业课程中所涉及问题的主要类型[16]

以"数字信号处理"课程为例，表 3-1 中给出了该课程教学中 6 类问题的典型案例。

表 3-1 "数字信号处理"课程中六类问题的分类

类型	案例
故事问题	1. 在绪论中，介绍本学科发展史，可考证傅里叶、拉普拉斯、高斯、香农等领域著名科学家的成长故事，作为问题引入的背景； 2. 在讲授傅里叶变换时，也可以引入傅里叶级数分解论文的发表历史
运算类问题	1. 计算三大变换的正变换、反变换，本质是一个计算程序问题，即选择与修改相应的算法； 2. 各大类变换性质的推导、卷积的计算等
决策问题	判断性问题，例如对系统的线性、时不变性、因果稳定性的判断、滤波器设计中窗函数类型的选择等
故障排除问题	问题的剖析与解决，比如直接计算 DFT 时存在的运算量过大的问题分析
策略绩效问题	在设计过程中的参数优选，如基于窗函数法设计 FIR 滤波器时，根据设计指标对窗函数类型、窗宽的选择，以实现对各项关键指标的折中
设计问题	运算、决策、策略问题的组合，如 IIR 滤波器的设计、FIR 滤波器的设计

（2）激活旧知：通过教师对所提出的问题及其解决方案的引导，激发原有知识结构中与新知有关的内容，复习回顾旧知，为新知的论证作铺垫。旧知可以是来自生活的非专业知识，也可以是解决问题、获取新知所需的铺垫性或补充性专业知识。比如，在讲解计算机的内存与硬盘时，以电冰箱与切菜板作为类比，就是属于非专业性旧知；在讲解采样定理时，以冲激串函数的傅里叶变换、冲激函数的筛选性质作为旧知，以便推导理想采样信号与原始信号频率之间的关系，这类旧知就属于专业性旧知。无论哪一种类型的旧知，其共同的价值在于为解决已定义的问题，构建新的知识结构提供条件。

按照皮亚杰的观点[5]，旧知与新旧知之间的作用机制可归为同化与顺应两种方式。所谓同化，是指新知是建立在已有旧知的基础上，没有推翻旧知，而是通过对旧知的微调、增减获得新知。如讲解"数字信号处理"中的 Z 变换概念时，可以由理想采样序列的拉氏变换引出。因为拉氏变换可看成信号在指数包络正弦波函数系中的分解，而 Z 变换分解用的是该函数系的离散版本，这样就很容易理解 Z 变换；在讲解其性质时，就与拉氏变换联系起来，便于学生的理解。而顺应则是需要突破旧知，破茧而出，得到新的结构，从而实现对新知与旧知的整合。例如，在讲解无限长单位冲激响应数字滤波器设计时，从冲激响应不变法到双线性变换法的过程，就可以看作一个顺应的过程。前者因为时域采样导致了频谱的混叠失真，而后者通过加入非线性压缩环节，有效解决了混叠失真问题。

（3）示证新知：该环节是整个教学过程的关键，其任务是讲授新知识。这个阶段可以师生合作探究、教师讲授与学生操作、教师提问、学生回答互动等多种方式实现对新知的推理、示证。示证新知，不仅是给出结论，还应通过提供概念的正例和反例、展示程序的递进逻辑等策略尽量直观形象地给出新知对应的逻辑关系及变化过程，以有效促进学生对新知的掌握，更新原有的知识结构。

（4）尝试练习：这一环节实际是对问题解决方案的初步应用，通过习题练习、辅助教学平台及实验系统等，让学生对所学知识点进行应用。通常在这一阶段宜给出一些所谓"一致性练习"，即简单应用，尽可能直接，不需要联系到其他知识点，即可完成任务。如"数字信号处理"课程中，讲解 Z 变换定义后，可让学生在课堂上完成求解一般序列的 Z 变换，直接应用其定义及几何级数收敛条件即可，或直接用一条性质来计算特定序列的 Z 变换。

（5）融会贯通：此阶段，需结合高阶习题、实践案例等，对知识点进行深入分析，启发学生深入思考，并进行课程总结、布置课后作业。这一阶段的所谓高阶习题，通常是相对于前述环节中"一致性练习"的变式问题。如"数字信号处理"课程中，要求学生用两种以上的基本性质来计算复杂序列的 Z 变换或者反变换。而实践案例，可根据知识点给学生讲解其实际应用案例，或者让学生收集应用案例，也可通过设计微实验等环节让学生完成小的实践应用任务。注意，在有些情况下，变式问题也被归到尝试练习环节中，需要根据实际应用场景作相应调整，并无一定之规。

3.3 基于首要教学原理的专业理论课程混合教学模式设计与实践

本节以"数字信号处理"课程为例，根据笔者在课程教学中的实践及思考，从课程内容、教学方法、教学资源及课程考核评价四个方面，总结了目前专业理论课程教学中普遍存在的共性问题，对相关问题的研究现状进行了综述。而后对解决问题的方案，即基于首要教学原理的混合教学模式设计进行了阐述，并给出了实施策略及微观教学设计方法。最后以采样定理一节的微观教学设计为对象进行了案例分析。

3.3.1 专业理论课教学中存在的问题及研究现状

下面的问题分析及研究现状分析虽然是针对"数字信号处理"课程，但某种意义上说也具有一定的代表性，对其他相似专业理论课程的教学改革也具有启发意义。

3.3.1.1 存在的问题

（1）课程内容：课程的基本理论、工程应用实践及课程思政元素的有机结合有待加强。应用型本科的课程教学目标需要与本学校本专业的发展，以及与本学科所属技术领域的发展紧密结合，体现出工程性、应用性，同时还要具备一定的思想性，以达到"知识积累、能力培养与价值引领"三位一体的课程教学目标。

（2）教学方法：课程内容的抽象性与已有教学模式的单一性之间的矛盾犹存。大部分线下课程，大都还是仅依靠单向灌输式讲授，学生的兴趣引发与专注力较难保证，课堂上师生互动缺失，学生在教学过程中处于被动学习的局面，从而影响了学生的学习效果。如何利用现有的条件，在不过多增加教师负担的情况下，选择一种有效的教学方法，是值得考虑的问题。

（3）教学资源：课程的实践性与实践教学资源的有限性之间的矛盾尚未解决。一般，工科类各专业，在制定人才培养方案时，均要求实践学时的比例接近50%，而实验室的物理空间，既存在空间的限制，也有时间的限制。因此，有必要探索课程实践性环节中虚拟实验、微实验的教学新模式，即学生可不在传统实验室进行实践训练、能灵活安排自主实践学习与训练的时间。

（4）考核评价：传统线下课程考核评价方式的单一性与教学活动的多元可测量性之间的矛盾凸显。随着网络课程、移动学习平台的技术叠加，使得线下课程本身也融合了线上课程的技术要素，考核评价中可测量的对象、测量的方式也发生很大的改变，如何根据这些变化，设计更切合实际、更具可操作性的课程考核评价体系，也是整个课程建设中值得关注的问题。

3.3.1.2 研究现状

此处，以应用型本科"数字信号处理"为例，以上述问题的解决为线索，对课程建设与教学的现状进行综述。

（1）课程综合性建设：向友君[17]总结了实施"数字信号处理"网络课程教学的具体措施和方法，在分析网络课程在教学实践中的优势与问题的基础之上，提出了较为清晰的网络课程框架。黄永平[18]从教学内容、教学方法与教学手段、网络教学平台建设以及教师队伍建设四个方面对"数字信号处理"精品课程建设进行了探索。

（2）教学方法改革：罗忠亮[19]对标学生工程实践能力要求提升目标，提出一种基于"项目导向、任务驱动"的"数字信号处理"课程教学模式，重点对多媒体教学资源、学生学习共同体的构建、仿真软件教学法在课程教学中的应用进行分析与阐述。成慧等[20]探讨了案例式教学在"数字信号处理"课程中的应用，以倒立摆小车为典型案例，将理论知识融入案例教学中，培养学生的工程实践意识与能力。李利等[21]将项目驱动教学法引入"数字信号处理"课程教学中，以音乐信号为处理对象，根据教学内容分别设计了四个子任务，即音乐信号的采样、音乐信号的频谱分析、音乐信号的 IIR 滤波、音乐信号的 FIR 滤波。王艳芬等[22]介绍了一种基于"理论+实践+协作"三项能力提升的渐进混合式教学体系，从小班分组、项目驱动以及基于"慕课堂"和思维导图的师生互动教学模式改革入手，研究并实践了基于问题的四步翻转式教学和基于项目的探究研讨性实验翻转等教学模式改革。杨长生[23] 等将高阶思维理念引入"数字信号处理"课程教学中，从教学环境的本土化改良、教学目标的二维分类设计与教学活动及评测的设计等方面进行研究与实践，并以采样定理一节为例进行整体教学设计示例。陶丹等[24] 研究了一种基于 BOPPPS 模型的"数字信号处理"课堂教学设计方法，以多速率信号处理为例，围绕引入、目标、前测、参与式学习、后测、总结六个要素，探讨了该模型在课堂教学设计中的具体实施。

（3）实践教学环节：杨智明等[25] 提出基于硬件实践的"数字信号处理"课程实践教学方法，一方面以语音信号采集和处理系统作为课内实验载体。另一方面以硬件为基础设计了课程设计教学项目，有助于提高学生工程实践意识与能力。武晔等[26] 研究了一种"以问题为中心"综合性实验的实践教学方法，设计了基于地震数据重采样的综合性实验，引导学生进行探究式实验，使学生充分利用所学过的采样定理、频谱分析、信号滤波等知识来综合分析并解决问题。

（4）课程思政：殷世民等[27] 从"数字信号处理"课程教学中存在的 11 个问题入手，提出了课程思政实施的必要性，进而从办社会主义大学、尊师重道、课堂教学与做人做事哲理等方面入手提出课程思政的具体策略。徐艳等[28] 重点研究了"数字信号处理"课程思政点的生成与融入问题，并对思政元素融入的载体形式与方式等进行了设计。顾相平[29] 从"数字信号处理"课程特点出发，分别从宏观视角和微观视角探讨了思政元素的挖掘与设计，将人文知识、学科前沿和发展趋势等作为思政元素有机融入课程教学中。

上述研究，从某种意义上看，对本小节开始时提出的 4 个问题进行了分散性研究，但尚缺乏综合考虑课程目标的确定、课程内容的重构、教学方法的改进、课程资源的积累等因素的系统研究。下面将尝试用基于首要教学原理的混合教学模式探讨解决这些问题的途径与方案。

3.3.2 基于首要教学原理的混合教学模式设计

基于首要教学原理的混合教学模式的基本框架可概括为"三阶段、四要素、五环节"，如图 3-3 所示。其中，三阶段为课前、课中、课后，是对线上、线下教学混合模式的时间划分；四要素为教学内容、教学资源、教学方法、教学评价，是构成混合教学模式的具体要素；五环节为在微观单元教学设计中，从师生互动的设计、教学情境的设定、教学内容的分解等方面，按照首要教学原理中提出的"聚焦问题、激活旧知、示证新知、应用新知、融会贯通"五个环节进行教学设计。整个框架特点可归纳如下。

（1）三阶段与五环节之间的灵活对应。五个环节分属于课前、课中、课后。课前阶段，将教学单元的内容聚焦成某个问题，创设应用情景，强化问题导向。

形式上，运用网络教学平台（如"雨课堂""超星"等）导入问题，并提供相关素材，引导学生自主学习，为聚焦问题提供必要的铺垫。课中阶段，明确引出本教学单元所提出的问题，并尽可能将问题置于学生熟悉的场景中，引导学生认识问题及其解决的关键点（聚焦问题）；通过回顾旧的知识以补充、建构新的内容结构（激活旧知）；通过教师论证推导或者师生互动论证新的知识与内容（示证新知）；由浅入深地设定应用练习任务，并根据情况结合实际应用，强化工程意识（应用新知）。课后阶段，通过同步作业和拓展作业等形式实现学生对知识的巩固和迁移，强化学生对理论和工程价值的理解、学会解决变式问题，并对本单元的知识结构进行归纳、整理（融会贯通）。在实际教学实施过程中，五个步骤与三个环节之间的对应关系，并非一成不变，需要根据教学实际进行必要调整。

（2）四要素与五环节的有机融合。教学内容、教学资源、教学方法、教学评价四个要素在五星教学法的各个环节都有所体现，每一个环节中四个要素的呈现权重各不相同，权重大的为主要素，权重小的为从要素。以聚焦问题环节为例，该环节涉及教学内容、教学资源等主要素的混合。从内容的角度，将最新的科技前沿、现实生活的科技应用等用于情景创设，便于提出问题；从教学资源的角度，课前可以通过移动学习平台，事先将与问题相关的视频、材料等上传，让学生有所准备，也为后续课中讨论时作必要准备。在这个阶段，也会涉及从要素的混合，如在课前可以针对学生预习设置一些测试，并在线给出评价；教学方法主要以学生自主学习为主，教师可以提供非实时讲解的学习视频。其他四个环节中四个要素中的主要素与次要素的区分，需要根据课程教学单元的具体特点、学生学情、资源供给等而定。

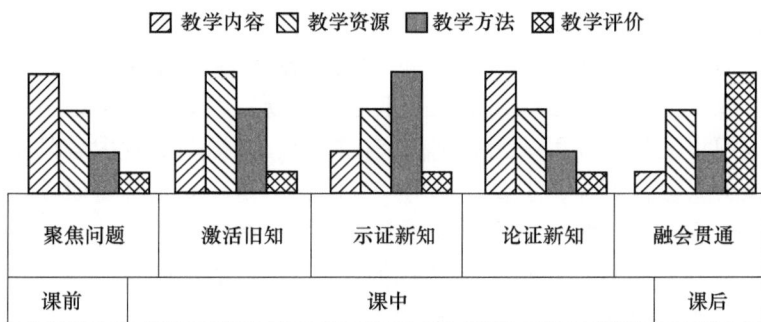

图 3-3 基于首要教学原理的混合教学模式框架

3.3.3 混合教学模式的实施策略分析

上述几个基本问题的解决，还有赖于课程建设理念的变更，这些主要理念包括"以学生为中心"[30]"产教融合"[31]、课程思政协同育人[32,33] 等。为了解决上述问题，本节提出基于首要教学原理的混合教学模式的实施策略，主要包括课程教学运行与资源积累两个体系。对于前者，首先确定课程目标，而后据此更新课程内容，选择基于首要原理的混合教学模式进行微观教学设计，并对教学评价方法进行改革。另一个系统是资源积累体系，主要包括教学资源和教学团队两个方面。关于两个体系的设计要点说明如下。

3.3.3.1　教学运行体系的设计

（1）课程目标的确定：课程教学目标的确定，必须结合学校的办学定位、学生情况、专业人才培养要求等，从学生学习本课程后所获得的专业知识、业务能力及社会能力等方面加以考虑。

以"数字信号处理"课程为例，结合本校电子信息类专业服务于长三角地区新一代电子信息技术产业的定位，培养具备从事现代电子信息系统和设备的设计与应用开发、系统集成等岗位工作的高素质新型应用型人才的目标，本课程目标可分为三个方面。

1）知识传授目标：掌握离散时间信号和系统的基本理论与分析方法，掌握数字频谱分析的理论及应用；掌握 IIR 和 FIR 两大数字滤波器系统的设计方法和应用。

2）能力培养目标：培养学生利用基本理论分析解决信号处理领域实际问题的基本能力，具备应用研究及理论分析能力，具有初步的算法分析、数字系统设计和仿真能力。

3）价值引领目标：将学科发展及前沿、马克思主义哲学的世界观与方法论有机融合到教学中，培养学生解决实际工程问题的辩证思维，形成理论联系实际的思想方法及严谨的科学态度。

（2）课程内容的更新：对工科类的专业理论课程，通常存在课程内容的工程性不强、教学过程课程思政元素挖掘不足等问题。因此，拟考虑将课程基本理论、工程应用实践与课程思政元素进行有机融合，以提高课程内容的工程性与思想性。拟提出双融合矩阵，主要包括两个方面，一是建立教师科研项目及成果与课程的知识体系之间的融合矩阵，以此形成教学案例集；二是从技术发展历史与现状、马克思主义哲学的世界观及方法论中全方位挖掘思政点，并建立知识点与思政元素之间融合矩阵，形成思政案例集。

以"数字信号处理"课程为例，本课程的经典内容可归为一个定理（采样定理），两大应用（数字谱分析与数字滤波器设计），五种变换（Z 变换、DTFT、DFT、DFS 及 FFT）及五个专题（LSI 系统时域、Z 域及频域分析、数字滤波器结构、IIR 与 FIR 滤波器设计、信号的抽取与插值）为框架的结构体系。表 3-2 为教师科研项目及成果与该课程的知识框架间的融合矩阵。表 3-3 为课程知识点和思政教育元素之间的融合矩阵。

表 3-2　课程知识点和教师科研成果之间的融合矩阵（部分）

序号	章节	知识点	科研成果融入点
1	离散时间信号与系统	采样定理	以团队教师和企业合作研发的横向课题"自来水管道漏水监测与定位系"项目成果为例，引入采样实际信号处理环节中的应用
2	离散傅里叶变换	DFT 的应用	以团队教师参与的某项目"××信号特征分析"科研成果中基于 DFT 的频谱滤波算法为例，引入 DFT 在个体指纹信号识别过程中的应用
3	快速傅里叶变换	数字频谱中频率点的估算	在课程组教师专著《低截获概率雷达侦察信号分析及可信性评估》一书中所提及的非协作条件下的信号处理中，当信号频率不一定位于离散量化频率的整数倍上时，如何进行频率点的估算为例，引入 Rife 算法的介绍，并让学生根据该书中代码进行自行实验，加深理解
4	IIR 数字滤波器的设计方法	数字滤波器设计	在课程组教师主持的国家基金项目"悬浮颗粒质量测量的双参数统计分形特征及应用"中，就有关 PM2.5 悬浮颗粒测量装置中前置滤波等环节的设计，引出滤波器的重要性
5	FIR 数字滤波器设计	FIR 的线性相位特性	以课程组老师申请的发明专利"一种基于多特征融合的 SAR 图像目标识别方法"这一科研成果为例，引入线性相位特征在图像信号滤波中的重要性
6	信号的抽取与插值	信号的整数倍内插	以课程组教师的专著《低截获概率雷达侦察信号分析及可信性评估》中正弦波频率估计的可信性评估为例，介绍频域插值对于提高参数估计精度的重要性，让学生进一步理解插值在实际应用中的作用

表 3-3　课程知识点和思政教育元素之间的融合矩阵（部分）

章节	知识点	思政元素举例
绪论	发展史	近现代以来中国的科技发展兴衰的根源何在？从历史唯物论回答李氏之问，激发爱国情操
	框图组成	新冠疫情防控中红外自动测温仪作为案例引入，培养专业兴趣；树立全面看问题的辩证思维，提高科学素养
1	时域采样	引入 Nquist、Shannon 等信息科学领域著名科学家成长故事，引导学生树立正确职业观与发展观
	采样	正弦信号的采样需修正采样定理，启发学生要树立灵活运用理论的思维方式；引导学生形成正确处事习惯培养工匠精神

章节	知识点	思政元素举例
2	Z 反变换	可通过三种不同途径求反 Z 变换，说明解决问题可以从不同角度进行，一切从实际出发
	对偶关系	LTI 的因果稳定可以通过观察系统函数的零极点来判断，多角度认识问题，善于变换视角，解决矛盾
3	四种变换	培养学生的辩证思维，即看待问题要全面，凡事有利也有弊
	从 FT 与 FFT	时间分辨率与频率分辨率是一对矛盾，不能同时达到最好，最优状态是折中双赢的结果
4	FFT	引入 FT 变换的发展史，树立理论联系实际的辩证思维
5	DF 结构	几种结构各有优缺点，实际中要综合各种因素通盘考虑，折中考虑，讲究中庸之道
6	两种 IIR 映射方法	引入科技前沿，毫米波滤波器，结合我国在 5G 技术方面积累的优势，引导学生树立科技强国的使命感
7	Gibbs 效应	引入学术界傅里叶和拉格朗日在傅氏级数理论方面的争议，并介绍美国科学家米切尔森的实践探索，体现科学研究中质疑精神及严谨求实的工匠精神
8	抽取与插值	将教师科研成果作为案例引入，引入内插的概念，与电子战信号处理中频率估计有关，增强国防意识
9	实验	培养工匠精神、规矩意识、团队协作的职业素养

（3）教学方法的改革：基于首要原理的五星教学法中将具体的教学任务（事实、概念、程序或原理等）置于循序渐进的实际问题解决情境中来完成，在"聚焦解决问题"的教学宗旨下，通过"激活旧知""示证新知""尝试应用"和"融会贯通"四阶段循环，增强师生互动。引入该教学方法的依据主要有两个方面。

1）有助于改善课堂教学的生态。传统的课堂教学中，主体是教师，因为课时有限，课程难度大，师生互动较难有效开展，学生常处于被动听讲的地位。该方法的五个环节中均可设计互动环节，从而有助于增加学生的参与度，从而改善沉闷的课堂教学生态。如在聚焦问题阶段，可以由教师提出问题，引导学生尝试回答，或者教师创设情境，引导学生提出问题；在激活旧知阶段，可以通过提问的方式让学生回顾旧知；在论证新知阶段，设计相应的实验操作环节，让学生进行体验式学习；在尝试应用与融会贯通阶段，教学互动可通过学生在课上与课后的练习，教师在线上、线下的指导来实现。当然，互动的方式与深度与教学资源供给是有关的。

2）实施成本低，可操作性强。可根据课程内容的特点以及现有的资源供给，灵活配置各阶段的教学设计。以"数字信号处理"课程为例，对于与工程实际较易结合的内容（如采样定理），在进行教学设计时，从聚焦问题，创设情境开始，在每个环节都注意与工程实践相结合，增加学生动手实验的机会；而对于一些理论性强，难以直接与工程实际结合（如 Z 变换，反变换等）的课程教学单元，则将其定义成一个学术性问题作为引入，尝试练习也可以退化为师生共完成例题或习题。该教学方法的设计，可谓丰俭由人，对资源的依赖性不强，也不会给教师带来过多的负担，便于实施。

（4）教学评价方式的改革。

改革原有的单一评价方式：一方面要将过程性评价与终结性评价相结合，加大平时考核的比重；另一方面，将课程思政的目标在考核评价体系及考核实施过程中加以体现，具体措施如下。

1）更新课程的考核评价体系。为了全面考核学生的学习效果，将过程性评价与终结性评价相结合组织考核，分为三级指标体系，见表3-4。在各个指标的评价要点中将学生的学习态度、作业成果的规范性等作为考查点。另外，本课程将思维导图作为平时作业的考察点，以锻炼学生的科学素养。思维导图可以帮助学生建构所学的理论知识，厘清各知识要素之间的内在逻辑联系及其区别所在，每章结束后均要求学生独立用 XMind 软件完成思维导图，定期评比，并给予适当奖励。通过这样的思维训练，锻炼了学生将来工作中所需的研究、组织、解决问题和政策制定等素养，也将课程思政落实到了课程考核评价中。

表 3-4　本课程的考核评价指标体系

一级指标	二级指标	三级指标	考 核 要 点
过程性评价（40%）	课堂表现（10%）	出勤率（5%）	按时出勤
		课堂互动（5%）	认真听讲，主动思考与积极互动
	平时作业（20%）	章节作业（10%）	各章节习题按时完成，书写规范，图表字迹清晰，要点准确
		思维导图（10%）	各章节思维导图的完成情况，逻辑性、正确性与艺术性
	实验（10%）	课堂表现（2%）	按时出勤，课堂表现认真，积极主动，沟通交流
		实验操作（2%）	实验按时完成，设计正确，操作认真，动手能力强，结果正确
		实验报告（6%）	实验报告格式规范，结构清晰，图表完备，论述清楚，能够对实验过程进行认真总结，心得体会内容翔实
终结性评价（60%）			卷面成绩（60%）

2) 优化考核实施过程，在各个环节融入对课程思政要素的考核。在命题环节中，做到紧扣教学大纲要求的同时，也需命制一些体现一定科学素养、体现本学科最新技术发展的试题，并加大对综合思辨能力考查的比例，减少对学生记忆性知识考核的比例。例如，在命题中的主观题环节中，可以出一些一题多解，或者在实际环境中应用基本理论进行利弊分析方面的试题，考查学生分析问题与综合运用知识解决问题的能力；在对客观题进行命制时，可以将知识点的考核融到工程实际场景、学术情境及生活实际中。这些命题策略的依据就是要增加劣构问题的比例，或者在良构问题中掺入劣构因素，从而实现对学生高阶思维能力的考查。

3.3.3.2 资源积累体系的设计

A 教学资源的融合

课程资源的融合包括理论教学资源与实践性环节的教学资源之间的融合。理论资源包括：已建精品课程网站、移动学习平台、题库、微课视频等。实践性环节的教学资源通常是指与线下实验有关的指导书、开发平台及代码库等。以"数字信号处理"课程为例，课程组还依托学院与 NI 的联合工程中心平台研发了基于 LabView 的教学辅助软件及依托 NI-MyDAQ 和 ELVIS Ⅱ+"口袋实验室"套件[34]。一方面，这些资源可用于破解教学过程中的难点，有助于学生的知识建构，提高对知识理解的深度；另一方面，学生可通过"口袋实验室"，课后灵活自主安排实践训练。特别地，教师还可根据课程内容本身的特点，有选择地设计若干基于"口袋实验室"[35] 的微实践。微实践，不需要像正式实验环节那样，需要完整的实验报告等文件，只需要进行必要的实验结果记录与分析，重点让学生加深对难点内容的理解，通过感性认识进一步增强理性认识。同时，培养学生的实践与创新能力，在潜移默化中形成工程意识，本质上说也是一种课程思政的体现。本课程组所设计的部分微实验项目的设计与要求见表 3-5。

表 3-5 基于"口袋实验室"的微实验项目（部分）

序号	章节	知识点	微实验项目任务描述
1	离散时间信号与系统	采样定理	利用 LabView "口袋实验" 工具，录制一段自己的语音信号，设定不同参数，进行采样与恢复的实验，并记录相关波形、结论等，形成微实验报告上交
2	Z 变换与离散时间傅里叶变换	离散系统的系统函数及频率响应	已知某音频信号的 y(n) 波形，是由输入信号 x(n) 通过数字滤波器而得，用频率响应逆滤波的方法解卷积求出原信号 x(n)，借助 MyDAQ 完成本次实验，形成做实验报告
3	离散傅里叶变换	数字谱分析	利用 Labview "口袋实验" 工具，录制一段自己的语音信号，进行不同点数的 DFT 实验，并记录相关波形、结论等，形成微实验报告

序号	章节	知识点	微实验项目任务描述
4	快速傅里叶变换	FFT 算法	利用 MyDAQ 产生频率为 19.081MHz 的带噪正弦信号，采样频率 100MHz，FFT 点数 1024，试通过插值方法来进行频率估计，解决信号频率不是量化频率间隔的整数倍时，估计误差过大的问题。参阅课程组教师的科研成果《低截获概率雷达侦察信号分析及可信性评估》一书中 4.2 及 A.4 代码进行实验，并完成微实验报告
5	IIR 数字滤波器设计	冲激响应不变法及双线性变换法	利用 LabView "口袋实验" 工具，录制一段自己的语音信号，加入 50Hz 正弦波干扰信号，尝试利用 IIR 滤波器（巴特沃斯原型）去除 50Hz 干扰信号，并记录相关波形、结论等，形成微实验报告
6	IIR 数字滤波器设计	窗函数法	利用 LabView "口袋实验" 工具，录制一段自己的语音信号，加入干扰信号。通过观察混合信号的频域特点，选择合理的参数，设计 FIR 滤波器，将语音信号恢复，形成微实验报告

B 教学团队的建设

2022 年 7 月，教育部相关部门领导在出席第二届全国高校教师教学创新大赛全国赛闭幕式上作报告时提出：专业是人才培养的基本单元，课程是人才培养的核心要素，教师是人才培养的决定力量。教学团队是教师的组合，是教学活动的设计者，也是教学策略的执行者，是整个课程教学过程的主导者。因此，教学团队的建设某种程度上决定了教学质量。按照中国 "金师" 的标准，即 "政治强、站位高、视野宽、五术精"，这几个方面与金课的 "两性一度" 标准相对应。将这四个标准落实到具体的课程，或者说具体到以 "数字信号处理" 为代表的专业理论课程时，需要从以下几个方面提高教学团队的执教能力，具体如下。

（1）增强课程思政教学设计能力。课程思政是实现课程教学目标中价值引领目标的主要环节。在教学过程中，教师应在备课时，明确思政目标、积累思政元素，并确定思政元素与课程知识点、技能点的融合矩阵。要完成这些任务，需要团队共同备课，提高教学设计的有效性，共同规划课程思政的实施策略。

（2）提高科研水平。专业理论课程往往与学科发展紧密相关，因此，教师要有较强的科研水平，才能对学科发展的前沿与趋势有精准的把握，才可能具备宽广的视野。同时，还要注重科研对教学的反哺，将科研成果或者学科前沿作为教学内容或者教学案例，从而保证教学内容的高阶性与创新性。

（3）提升专业实践能力。要提高学生的专业实践能力，首先要提高教师自身的专业实践水平。大部分高校的新教师都来自学校，又转到新的学校；在博士阶段大多从事理论研究，缺乏工程实践经验。然而，很多专业课程所涉及新的硬件、新的开发平台升级换代，要求教师主动及时地学习。

（4）主动学习教育教学理论。教学既是科学也是艺术。从科学的角度而言，教师需要对教育学理论进行学习，了解并掌握先进的教学理论、教学方法，善于将教育技术与教学方法相结合，进行科学有效的教学设计。同时，也要掌握教育心理学与教育统计学的理论与方法，便于对学生学情进行科学分析，对课程教学的状态进行监测、评估与调控。

3.3.4 应用案例分析——以"数字信号处理"为例

3.3.4.1 五星教学法中前两个环节的设计案例

在五星教学法教学设计过程中，聚焦问题是核心，如何提出问题是聚焦问题的前提；激活旧知是解决问题的开始，后续环节的设计一般按照教学内容的类型进行必要选择即可。为此，本节将重点对聚焦问题与激活旧知两个环节的设计进行重点分析，并给出若干实例。

（1）聚焦问题：在"数字信号处理""信号与线性系统""自动控制原理"等理论性课程中，有大量的知识点属于纯理论，公式多且很难直观地将其与实践直接联系起来，而有些内容有明确的应用场景。对于这些课程，在问题设置时可根据教学内容与应用实践的密切性，进行分类处理。

1）与工程应用有密切关系的教学内容。

例1："采样定理"一节中问题的提出。对"采样定理"这一内容，由于其有明确的实践应用场景，因此，可通过引入以教师的科研项目成果、日常生活所用实际产品为载体，激发学生对采样在工程实践中的应用思考、培养专业兴趣。下面给出三种思路。

思路1：来源于横向课题，从工程实践中引出问题。以课题组在横向课题"自来水管道的泄漏检测系统"的研制过程中，对自来水管道声压信号采样器的选型为背景，提出的问题为：采样器如何选型，有哪些重要的指标？

思路2：来自实际应用效果的对比。数字信号、模拟信号在信息传输中效果对比。可以考察不同年代中央人民广播电台新闻与报纸摘要节目语音为背景，通过播放模拟传输与数字传输两种场景下音频信号，让学生体会其音质差异，从而引出对数字信号处理的优点的认识，进而突出模拟信号数字化过程中，采样作为首要环节的重要性。并进一步引申出，"为什么要采样，什么是采样，如何采样？"三个基本问题。

思路3：来自仿真实例。用不同的信号，在特定采样间隔下，得到相同的采样序列，并如何有效恢复，引出如何采样及采样频率如何选择的问题。

例2："信号的整数倍抽取"一节中问题的提出。先借助仿真演示系统，演示同一播放系统以不同采样频率对原始语音信号的采样与重建过程。利用重建频

率为 f_{rec} = 16kHz 的播放系统，播放采样频率 f_{sam} 分别为 32kHz、16kHz 及 8kHz 的音频信号。教师在上课时现场演示该系统，并设置不同采样频率，播放重建信号，让学生收听上述三种不同采样频率重建信号的音频。而后，根据收听效果，启发学生对该现象进行描述，并思考为什么会产生这种现象，从而引出：如何解决重建频率与采样频率之间关系适配性的问题。

该例中，通过设定实际的场景，先给学生以感性认识，得到对现象的感性认识，进而启发其利用专业知识来认识其中的规律，上升到理性，有助于新的知识结构的形成。有条件的情况下，也可以让学生在课堂自行试验，以加深印象，进一步激发其学习兴趣与动力。

例 3："线性相位 FIR 滤波器的特点"一节问题的提出。以课题组老师申请的发明专利"一种基于多特征融合的 SAR 图像目标识别方法"科研背景为例，引导学生对滤波环节重要性的思考。实施步骤如下。

首先，作陈述。告知学生：SAR 图像的形成是利用雷达回波信号做相关解调压缩处理后得到，成像过程形成的相干斑影响 SAR 图像的分割和识别。因此，要先进行 SAR 图像相干斑的抑制。那么对于图像，相频成分又起什么作用？

其次，演示例。以数字图像处理中经常用到的示例图（即 Lena 和 Barbara 的图像）为例，分别提取两幅图中的幅频和相频，然后将 Barbara 的幅频与 Lena 的相频合在一起，得到图像 A；将 Lena 幅频与 Barbara 的相频合在一起，得到图像 B。让学生对比两幅图像的差异，并提问：大家发现了什么？

最后，提问题。一幅图像的相频信息，在决定这个图看起来像什么方面似乎更为重要。因此，在以波形携带信息的场合（如图像信息处理、数据传输等），要求系统具有线性相位特性。上一章学习的 IIR 滤波器是否满足线性相位特性，想要得到线性相位系统，又要满足什么样的条件？

2）与工程实际关系较弱的理论性教学单元。

例 4："周期性序列的离散时间傅里叶变换"一节问题的提出。由于这个知识点与实际应用之间相关性不是太明显，因此，此时所提出的问题是针对知识点的，不涉及具体应用。拟提出的问题为：我们在前面的学习中，针对非周期序列而言，当其满足绝对可和或者平方可和条件时，可以得到一致收敛或均方收敛意义下的离散时间傅里叶变换。但对于周期序列而言，既不满足一致收敛，也不满足均方收敛，其频谱如何表示是一个重要的理论问题。

例 5："数字滤波器结构的表示方法"一节问题的提出。设置如下情境：大家考虑一下家庭装修，当设计师给出了设计图之后，只完成一个逻辑的设计，真正要落地，还需考虑哪些因素？很显然，一是钱，二是材料，三是工期。也就是说我们任何落地的事，最终是需要考虑成本的，如时间成本、空间成本、人力成本。相类似地，数字滤波器也一样，从设计到实现，给出了差分方程、系统函数或者其变体后，如何用软件或者硬件实现，也是需要考虑成本的。成本如何考虑，有什么结构可供选择，各自的优缺点如何？

值得注意的是，问题引入阶段也可融入思政点，具体方法见后续的案例分析。

（2）激活旧知：对于该环节，旧知的选择一般有两种策略。

1）与本课程知识点直接有关的旧知：即将与新知有关的旧知作为新的知识建构的基础，以旧见新。

例6：采样定理旧知的设计（具有支撑性的旧知识）。如可以讲解冲激函数的加权性质、筛选性质以及冲激串函数的频谱。这些是"信号与系统"课程已经学过的旧知识，但在描述采样的时域模型、频域模型时，是进一步推导及理解其中频域关系，论证采样定理的理论基础。

2）与本课程知识点不直接相关的旧知：将旧知定义为生活中的常识，或者不需多个专业背景的基础知识，就能理解的已经熟悉的事物与经验，是一种类比。

例7：采样定理旧知的设计（具有类比性的非专业性知识、生活常识等）。通过正弦波五点法反演，结合 AD 采样集成电路的选型等，对已有的知识进行梳理。也通过辅助软件，在进行正、反例演示的基础上，分析采样及其原则是什么，紧扣要解决的重点问题，展开后续对解决问题的讨论。

3.3.4.2 "采样定理"一节的微观教学设计案例

下面以"采样定理"单元为例对五星教学法的教学设计进行说明。首先，根据具体的教学单元内容，利用教学案例集、思政案例集、辅助教学软件及"口袋实验室"套件等资源，将其设定为一个特定的技术或学术问题，而后在四阶段循环中融入师生互动、思政元素。具体步骤如图3-4所示，其基本流程如下。

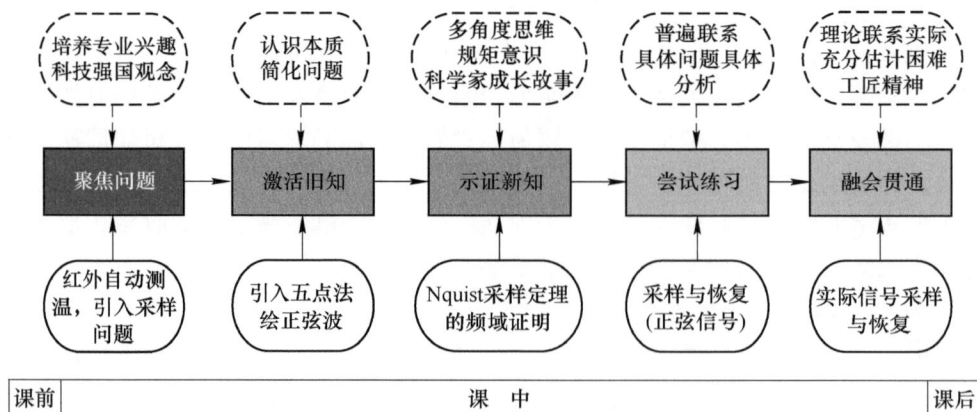

图 3-4 基于五星教学法的课程教学设计框图

（1）课前：通过移动学习平台布置自主学习任务，让学生查阅实际 A/D 变换器的说明书，并初步分析关键指标及工程意义，引出问题。

（2）课中：主要环节可描述如下。

1）聚焦问题：创设情境，以抗疫中用的红外测温仪为载体，引入学生对采样在工程实践中的应用思考、培养专业兴趣。

2）激活旧知：通过正弦波五点法反演，结合采样器的选型等，对已有的知识进行梳理。通过辅助软件进行正反例演示的基础上，分析采样及其原则是什么，聚焦要解决的重点问题，展开后续对解决问题的讨论。在此融入认识事物本质、简化问题的科学思维方式的引导。

3）示证新知：师生以合作探究的形式，获取新知，主要包括采样定理、恢复方法及实际采样三大块。以 Nquist 等著名科学家成长故事为例讲解，培养学生正确的人生观与发展观，同时在采样定理的论证过程中，体现多角度思维及规矩意识。

4）尝试练习：基于辅助教学平台及实验系统，引导学生对矩形波信号的采样与恢复进行测试与分析。通过师生合作验证理论知识、增强工程意识，并融入事物普遍联系、具体问题具体分析的哲学思辨精神。

5）融会贯通：对工程上采样率选取的原则进行深入分析，通过正反例的演示，启发学生思考，体会精益求精大国工匠精神之实质，并进行总结。

（3）课后：让学生自录语音信号并依托"口袋实验室"完成课后实践作业，教师进行在线评价。通过实验，启发学生在工程实践中要充分估计困难，做到万无一失，培育工匠精神。

虽然上述五个环节中均有相应课程思政点可融入，但在教学实施中，应根据实际情况有选择地融入。

结合前述分析，下面以"数字信号处理"课程"采样定理"一节为例，根据基于首要教学原理的混合教学模式进行教学设计，具体见表3-6。

表3-6　"数字信号处理""采样定理"教学设计

教学任务	采样定理	授课课时	1 课时
授课班级	19 级电子信息工程	授课时间	2020.2
授课地点	4 号科技楼 401-1 多功能实验室（多媒体投影、电子白板、一人一机网络教室）	授课形式	讲授
参考教材	高西全、丁玉美，"十一五"国家级规划教材《数字信号处理》第四版		
其他资源	课程网络学习平台、"雨课堂"（或超星学习通）		

教学目标	1. 知识与能力目标: 1) 正确理解采样、恢复的基本概念,熟悉采样定理、插值公式。 2) 能够运用低通采样定理,分析对实际信号进行采样时频率变化的规律,并能在工程环境下考虑采样频率的选择与确定。 2. 课程思政目标: 1) 通过与采样定理有关的 Nquist、Shannon 等科学家成长的故事,引导学生树立正确职业观与发展观。 2) 通过实际中正弦信号、矩形波采样时,需对采样定理进行修正的说明,从认识论中绝对真理与相对真理之间的关系出发,培养学生灵活运用理论的科学思维方式、培养工匠精神
教学重点	采样定理及其应用
教学难点	1. 已采样信号与原始信号之间频谱的关系。 2. 工程中采样频率的选择依据及其原因
学情分析	本次课的教学对象为四年制本科二年级的学生,具备一定的电路、信号与系统的基础知识及 Matlab 软件、LabView 软件的使用技能,渴望了解理论问题与实际之间的差别与联系,但工程意识与工程经验不足
教学方法	1. 在整个课堂教学中体现 OBE 理念,强调培养学生解决复杂工程问题的意识与能力,强调以学生中心。 2. 拟根据现有课程资源及实验室条件,引入梅丽尔五星教学法,全程融入课程思政点。 3. 综合运用"雨课堂"等移动学习平台、自行设计的 LabView 教学辅助系统,破解教学难点,并增强学生在课前与课后的学习投入度

教学过程（共 1 课时）

教学环节	内容	活动		备注
		教师	学生	
课前准备 （约 30min）	1. 利用超星学习通或"雨课堂"等移动教学平台,预先通知学生预习"采样定理"一节。 2. 学生自行下载 EVAL-AD7771FMCZ User Guide UG - 884（AD 公司的模数转换器芯片说明书）,并考虑 AD 变换器有哪些重要指标,其意义何在? 3. 登录课程网站平台,自行观看本节课视频	在教学平台上发布预习要求	1. 登录移动教学平台,了解课前预习任务。 2. 搜索 AD 公司网站上指定的模数转换器芯片的说明书,回答预习任务中的相关问题并上传各自答案	1. 通过网络搜集信息。 2. 通过移动教学平台下载上传资料

教学环节	内容	活动		备注
		教师	学生	
课堂讲授环节1：聚焦解决问题（2min）	创设情境：以作者与企业合作研发的"自来水管道漏水监测与定位系统"项目成果为例，提出将模拟形态的原始信号转换成离散形式的数字信号，是当前所有智能化数字信号处理所必备的前置性环节，具有重要意义。而后提出问题：采样过程中，需要考虑的问题有哪些，换句话说，如果制作一个自来水信号的调理电路，如何选择AD采样器，其采样率如何选择	1. 展示图片：了解采样在实际信号处理系统中的作用与地位。2. 提出问题：选择AD采样器的指标有哪些？最重要的指标是什么？采样率如何选择	1. 观看实际信号处理系统项目中信号处理前端中采样器的作用与应用背景。2. 回答：对采样器指标的理解	思政点：从教师研发的实际工程项目中引出问题，创设情境，认识到本门课程所涉及理论与技术社会发展的重要性，培养专业兴趣
课堂讲授环节2：激活原有知识（5 min）	1. 旧知激活：1）给出已学过的AD采样器的技术指标，学生根据自己预习的结果要点，回答AD采样器重要指标。2）回忆在高中数学课中五点法草绘正弦函数图像的规则，并利用LabView教学辅助软件进行展示，演示不同点数时，由离散样本值反演连续曲线时的误差。2. 导出几个重要概念及采样电路的物理模型（PPT展示）：采样、恢复、插值、采样频率	1. 引导学生回忆采样器指标及正弦波反演，导出：采样、恢复、插值、采样频率等重要概念。2. 通过教学辅助软件演示，提出如何选择合适的采样率才能有效恢复原信号？采样率与恢复信号失真之间的关系	完成任务：1. 回忆AD采样器的技术指标。2. 回忆在高中数学课中五点法草绘正弦函数图像的规则，体会理解反演规则	1. 对于概念，应提供正例和反例，加深体会。2. 利用教学辅助软件通过滑动控件调节参数，将正弦波的反演过程动态演示

教学环节	内容	活动		备注
		教师	学生	
课堂讲授环节 3：展示论证新知（22 min）	内容一：采样与采样定理（10min） 1. 理想采样情形下低通带限信号采样定理（重点、难点）。 2. 不同采样频率时，三种不同形态信号的频谱关系的演示	1. 讲授理想采样情形下低通带限信号采样定理。PPT 展示定理内容，板书推导公式，得到采样后信号的频谱、采样信号及原始信号频谱的关系。 2. 用 LabView 教学辅助软件，展示不同采样频率时，三种不同形态信号的频谱关系。 3. 引导思考： 1）在实际工作中，为了避免频谱混淆现象发生，采样频率如何选择？ 2）若原始信号的频带宽度无限时，如何选择采样频率	1. 笔记，跟随教师进行公式推导。 2. 思考： 1）为了避免频谱混淆现象发生，采样频率总是选得比奈奎斯特频率更大些，例如选到 $(3\sim5)f_h$。 2）若 $x_a(t)$ 不是频带宽度有限的信号，如何选择采样频率	1. PPT 展示定理、板书推导公式，教学辅助软件演示动态变化。 2. 思政点：引入 Nquist、Shannon 等信息科学领域著名科学家成长故事，引导学生树立正确职业观与发展观
	内容二：恢复与插值公式（10min） 1. 恢复的原理。 2. 插值公式的推导（难点）。 3. 不同采样率下插值误差的演示	1. 讲授采样信号通过理想低通滤波恢复成原始信号的原理框图。PPT 展示，并通过板书推导插值公式。 2. 利用辅助软件演示插值拟合的动态过程，并总结采样率与插值恢复误差的关系。 3. 引导思考：误差来源	1. 笔记，跟随教师进行公式推导。 2. 思考：采样率与插值恢复误差的关系及恢复误差的来源	1. PPT 展示定理、板书推导公式，教学辅助软件演示动态变化，加深理解。 2. 思政点：从正弦信号的采样需修正采样定理出发，提醒学生：要灵活运用理论
	内容三：实际采样（2min） 1. 实际采样：脉冲不是冲激函数，而是一定宽度的矩形周期脉冲。 2. 恢复：与理想采样时一致	1. 利用 PPT 展示实际采样的频谱示意图。 2. 提问学生理想采样定理及恢复方法是否适用	回答问题：理想采样定理及恢复方法是否适用	提问，互动

教学环节	内容	活动		备注
		教师	学生	
课堂讲授环节 4：尝试应用练习（7 min）	1. 让学生利用 LabView 辅助教学软件，体验实际信号采样与恢复的过程。 2. 让学生观测正好是 Nyquist 采样率时，是否能有效恢复原信号？并将选择的结果及对现象的解释提交到课程平台	1. 发布任务（在"雨课堂"平台）：让学生利用 LabView 辅助教学软件。将信号设置成矩形波，参数为：幅值 = 1，宽度 = 0.1s，采样频率 = 50Hz。调整不同采样频率，体验采样与恢复的过程。 2. 个别指导，离线评价：如何调节信号参数，并在课后对学生提交的结果进行评价	完成任务： 1. 按要求将信号设置成矩形波，设定参数，调整不同采样频率，体验所讲采样与恢复的过程。 2. 课后将不同采样频率时采样与恢复的波形差异及相应的理论解释提交到课程平台	思政点： 矩形波采样需要进行前置滤波，是对理想采样定理的修正，工程中采样频率的选取需要留有裕量，培养工匠精神
课堂讲授环节 5：融会贯通掌握（5 min）	分析与讨论工程上采样频率的选择问题（难点）	1. 提问与交互。让学生分析，为什么正好是 Nyquist 采样频率时，无法有效恢复原信号？原因何在？ 2. 总结，即对工程上为什么要将 3~5 倍最高频率作为采样频率，给出原因	回答：为什么正好是 Nyquist 采样率时，无法有效恢复原信号？原因何在	思政点： 在工程应用中，要做到理论联系实际，充分考虑到各种情形
课堂讲授环节 6：小结与布置作业（4 min）	本节小结与作业布置	1. 小结：将整个采样过程中原始信号、采样信号、采样后信号的时域、频域波形示出，并列出主要公式。 2. 布置作业：课后习题，1~20 题	跟随老师节奏回顾整个教学单元知识，记录作业	
课后拓展	1. 完成并提交本节知识的思维导图到课程平台，进行评比。评价要求：以 A4 纸大小；要体现出主要概念、公式的逻辑关系。 2. 利用 LabView "口袋实验"工具，录制一段自己讲话的语音信号，设定不同参数，进行采样与恢复的实验。评价要求：两人为一组，自由选择；形成完整的观察实验报告，结构包括研究项目名称、人员、实验的方案、参数的选择、波形截图及结果分析说明			

教学环节	内容	活动		备注
		教师	学生	
教学总结与反思	亮点之处： 1. 本次授课利用"雨课堂"移动平台、自主设计的教学辅助软件为载体，基于梅丽尔五星教学法，设计了整个课堂教学过程。 2. 由教师自主研发的工程项目来创设情景，并引出本节课聚焦的问题，即采样与恢复，问题源自现实生活场景，易于引发兴趣，有助于提高学生的工程意识。 3. 充分利用信息化教学手段，结合教学辅助软件，破解重点与难点，减少学生理解中的困难。 4. 通过辅助实验软件平台，让学生自己动手应用，加深对知识与技能的理解，培养其在解决复杂工程时，养成理论联系实际的习惯，并融入大国工匠精神的熏陶。 不足之处：仿真软件的结果尚无法直接通过网络传送，不利于师生交互			

3.4 基于首要教学原理的微课教学设计与实践

混合教学模式设计中，教学资源的融合是关键要素之一，而微课作为教学资源呈现的新形式，已成为实施混合教学模式的必备资源。本节将介绍基于首要原理的微课教学设计方法，并以"单片机原理及应用"课程中"单总线知识点"为例，对其微课教学设计及资源制作进行案例分析。

3.4.1 微课的研究现状

"微课"又称"微课程"（Microlecture）、"知识脉冲"，最早是由美国新墨西哥州的戴维·彭罗斯（David Penrose）教授于1993年提出，他曾选取"有机化学"课程教学内容的精华部分向非专业人士介绍该专业领域，所以被人们冠以"一分钟教授"的称号[36]。2011年，我国学者胡铁生将"微课"概念引入国内[37]，并对"微课"下了定义，即以短小教学视频为载体，通过讲解某个知识点而开展教学活动的各种教学资源的有机组合。此后，有关微课的实施与推广得到教育界的广泛关注。2018年发布的教育部《关于实施卓越教师培养计划2.0的意见》中指出：要深化信息技术助推教育教学改革，建立短小实用的微视频，形成线上教学与线下教学有机结合的学习模式。有关微课的相关研究也成为课程教学研究的热点[38]。目前，对微课设计的研究主要可归如下。

（1）微课的教学设计：卜彩丽[39]从学习资源、微课开发的系统性、微课的自身特性三个方面阐述了微课设计的必要性，并从分析、设计、开发、实施和评价几个阶段构建了基于ADDIE模型的微课教学模式；王永花等[40]分析了基于"理解学习过程框架"的微课学习特征，构建了基于ARCS动机激发模型的支持

"学"的微课设计思路，并分别从认知情景化、知识视觉化、知识结构化三方面探讨了动机激发策略的微课设计原则。

（2）微课的应用：张栋科等[41]根据初中数学情景化特点将数学知识划分为故事情景、生活情景、问题情景三种类型，并由此构建了初中数学情景化微课设计框架和应用路径；梁文福等[42]在对基于问题式教学的内涵、其与新课标问题式教学关系等论述的基础上，对基于问题式教学的高中地理微课设计的基本原则和实施策略进行了探索；康凤娥等[43]结合"计算几何算法与实现"课程教学现状，从确定选题、辅助资源、视频制作对该课程进行了微课设计，并采用"微课+翻转课堂"模式进行了教学实施。

（3）微课的教学效果评价：高琳琳等[44]采用元分析方法对国内外微课相关论文进行数据统计和分析，评价了微课的教学效果，并归纳出影响微课学习效果的若干因素；杨晓娟等[45]采用数据分析、访谈调查等方法，对问题解决类微课的教学有效性及其影响因素进行了研究和分析。

虽然有关微课的研究与应用已较为充分，但存在缺乏理论指导、设计注重内容的呈现形式，错将传递信息当成教学[6]；忽略了从学生角度进行微课的教学设计；未充分考虑到课程思政元素的融入等问题。首要教学原理作为一种重要的教学设计理论，已广泛应用于课程教学设计中，也为微课设计提供了可行的理论支撑，已引起相关学者的高度关注。刘小晶等[46]以"数据结构"中的"队列的应用"为案例进行了基于首要教学原理的微课教学设计实践；陆一琳[47]以"图层蒙版的概念及应用"微课为例，对首要教学原理中的五个环节进行了阐述；陈晓姣等[48]基于首要教学原理，设计了"碘量法测定维生素 C 含量"化学实验微课并进行了教学评价分析。

但上述成果中，鲜有关注到应用型高校理实一体化类专业课程及实践类课程微课制作与评价方面的研究。对于应用型高校而言，该类课程占据了一定比例，是其培养学生实践动手能力，达成教学目标的重要方式。因此，对理实一体化类专业课程及实践类课程微课的教学设计是应用型高校课程资源建设与课程改革中的重要课题。教师可将相关的理论知识与实践环节相结合，通过必要的设计制作成微课，为混合教学模式的实施提供重要的资源支撑。

3.4.2 微课设计中需考虑的关键问题

从宏观角度，应用型本科院校作为普通高校的重要组成部分，其人才培养目标、课程体系、教学资源条件、课程教学方式、学生生源状况等与其他研究型高校存在明显差异。从微观来看，具体到理实一体化课程，其教学内容、教学目标、内容的呈现方式等与一般理论课程及纯实践课程也存在差别。对于该类课程，在基于首要教学原理进行微课设计时，其核心环节是微课的教学设计，即以待设计微课的知识点讲授为主线，对教学过程的各个具体环节进行设计。需要重点考虑的问题如下。

（1）确定什么主题。在微课选题上，应根据专业、课程、学习者的特点选择合适的、结构相对完整的讲解内容。微课既可以用于学生课前的自主预习，也可以用于学生课中或者课后的学习与巩固，可视为传统课堂教学或网络教学的补充。所以，在微课主题的选取上，一般选择一个知识点作为对象，内容不宜过多，也不宜过少。微课一般时长 5~15min，内容过多难以讲解清楚；如果内容过于少，就难以形成一个完整的教学过程。此外，要避免选择专业术语过多的内容，如果对众多专业术语进行解释，势必会降低微课讲解的有效时间；如果不作解释，又会增加学习者理解的难度[49]。例如，对"单片机原理及应用课程设计"而言，所采用的教学方法为项目驱动式教学，学习者可根据自身学情和兴趣，选择其中 1 个题目进行仿真设计、实物验证。若设计以中等规模的编程作为微课的内容，一来时间不足，二来该内容更适合于在实验室，通过教师讲学生练，实时互动的方式讲解，才能提高学生的兴趣和学习的效率。

（2）聚焦什么问题。按照首要教学原理，聚焦问题是教学设计的核心[8]，具体的教学任务应被置于循序渐进的实际问题情景中来完成[3]。在微课教学设计中，聚焦什么样的问题是贯穿于微课教学过程中的主线。所定义的问题要与微课主题紧密结合，要通过一个微课把所聚焦的问题顺利解决。因此，问题规模不宜过大或者过小。例如，在"单片机原理及应用"中"单总线通信"微课的教学设计中，如果问题聚焦在"单总线通信的工作原理是什么"就太小了，该微课要覆盖的知识点不仅包括单总线通信的工作原理，还涉及单片机与单总线器件之间通信机制等，该问题的解决并不能完全覆盖微课中的所有内容，因此该问题的定义是失败的。

3.4.3　基于首要教学原理的微课教学设计模式

基于首要教学原理的微课教学设计模式框架如图 3-5 所示，由前期分析、教学设计、微课制作与完善三个阶段构成。

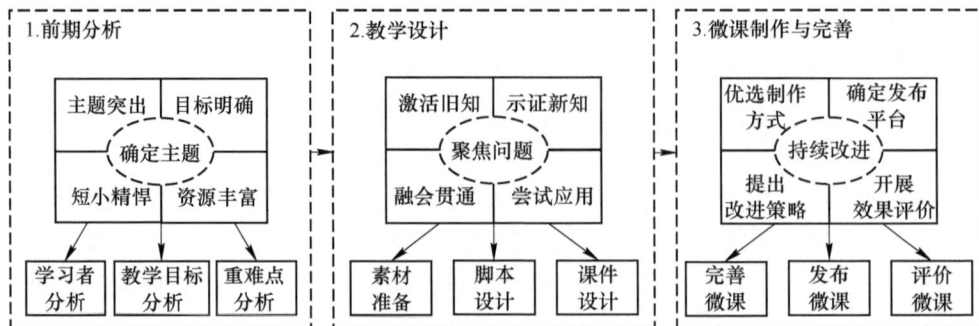

图 3-5　基于首要教学原理的微课教学设计模式框架

（1）前期分析。确定的微课主题应充分体现主题突出、目标明确、资源丰富、短小精悍等特点[50]。根据微课主题，要对学习者进行分析，包括学习者的学情、先修课程等。对教学目标进行分析，微课的讲授应始终围绕教学目标展开。确定好教学目标，要对教学重难点进行分析，微课中要有意识地突出讲解重点，化解难点。

（2）教学设计及资源准备。

1）教学设计。教学设计是微课设计的核心，此处将借助首要教学原理进行微课的教学设计。其基本思路为[3]：以"聚焦问题"为中心，依次按照激活旧知—示证新知—尝试应用—融会贯通四个阶段对微课教学过程进行设计。首要教学原理的实施要素见表 3-7[13]，基于首要教学原理微课教学设计的主要环节说明如下。

表 3-7　首要教学原理的实施要素

聚焦问题	激活旧知	示证新知	尝试应用	融会贯通
交代任务	回忆旧知	紧扣目标	目标操练	表现业绩
完成任务	提供新知	提供指导	放手操练	反思提高
任务序列	明晰知识结构	善用媒体	变式问题	创造应用

①聚焦问题：明确告知学习者学习完成后要解决的任务或者问题，聚焦的是完整任务，可分解成一系列由简单到复杂的任务序列，并将任务置于实际解决问题场景中。同时，在为学生设定任务时，也是遵循任务序列原则，由简单到复杂，由易到难。

②激活旧知：将旧知作为新知的基础，根据已有知识提供新知，同时根据旧知架构新知。教师通过"先行设问"或者"知识图示"激活学生原有知识结构，旧知越具体越直观，越有利于学生建立旧知与新知之间的"桥梁"，对于旧知掌握薄弱的学生，教师应提供相应帮扶措施。

③示证新知：新知应紧扣学习目标（概念应展示正例和反例；程序应展示递进逻辑；过程应作说明；行为样式应作规范[3]），教师应提供新知的学习指导（引导学生关注内容；展示论证时采用多样化呈现方法；充分联系旧知），根据新知的呈现内容和形式合理运用媒体，应考虑合适的媒体呈现以免适得其反，干扰学生。

④尝试应用：教师紧扣教学目标布置相应练习并给予指导，根据学生练习的反馈适当缩减指导和辅导，同时提供系列变式问题，举一反三，培养学生的主动思考能力。

⑤融会贯通：给学生展示学习成果的机会，并引导学生反思、提高，为学生实践应用所学知识提供途径，培养学生创新能力，提高学生解决复杂实际问题的能力。

2）资源准备。完成微课的教学设计后，须准备支撑教学设计的资源，为后续微课视频制作提供所需的素材、课件和脚本。具体步骤如下。

①素材准备：素材可以是图片、文字、音频、视频、动画等，图片和视频等素材应做到较高的清晰度，文字尽可能少而精，可用不同的字体和颜色对重点内容进行标识，将不同素材连接时应该自然流畅，不要给人以突兀的感觉[51]。

②课件设计：制作课件时应尽量画面简洁，文字清晰，主题突出，要尊重学生的视听规律和视听感受，课件应体现知识的连贯性和逻辑性，有助于学生对知识进行提取和加工[52]。

③脚本设计：微课脚本是指录制微课时所用的文稿。设计好脚本后，微课主讲人按照脚本语言来录制视频。脚本语言应尽可能精炼，并且注意不同教学内容之间的自然衔接，一般可按照"题目—导入—过程—总结—片尾"来编写[53]。

（3）微课的制作与完善。

1）微课的制作。根据微课的内容特点优选制作方式制作微课视频，主要包括录屏型和集成拍摄型。录屏型微课即用录屏软件（比如 Camtasia Studio、Powerpoint）及课件完成微课制作，后期可以剪辑或者配置背景音频进行加工完善，具有简单、容易上手、成本低、可编辑性强等优点。一般用于软件操作类知识点，如基于 FPGA、EDA 等基于软件应用的知识点。集成拍摄型微课，则需与专业公司合作录制，对于需要阐释系统内各要素的复杂演变过程或者相互作用机制时，可用此类方式。如模拟电子线路讲解半导体的导电机制、晶体管中载流子的运动等。

2）微课的完善。制作好的微课可通过超星学习通、"雨课堂"等平台发布，供学生学习使用，也可发布在公共学习网站。微课的完善是一个长期的过程，需要根据学生及教师的评价，进而对微课内容进行完善。微课的评价，可根据学生使用后的主观、直接评价意见，也可通过间接测量得到，如采用 Keller 动机测量表[40,54]对学生观看学习微课前后的动机变化进行测量与数据分析，根据得到的评价数据，对微课教学效果的影响因素进行分析，并提出改进策略。

3.4.4　应用案例分析——以"单片机原理及应用"为例

本节结合前述的微课教学设计框架及文献［46，52］，以"单片机原理与应用"中"单总线通信"这一知识点为例，给出基于首要教学原理的微课教学设计案例，具体见表 3-8。设计的要点说明如下。

首先，在对学习者进行学情分析的基础上，明确教学目标和教学重点、难点。

其次，依据首要教学原理，在"聚焦解决问题"的目标下，通过"激活旧知—示证新知—尝试应用—融会贯通"四个环节进行微课教学设计。主要体现在：（1）通过类比"月老一线缘牵"的传说设置情境，并结合数字温度传感器在智能化检测中的应用背景，引出单总线通信机制的建立这一问题，培养学生的工程意识；（2）通过与已学过的 I²C 总线机制的对比，总结单总线的优点及不同之处，作为铺垫；（3）将单总线通信机制的建立分解成三个子任务，综合运用视频、动画等信息化手段，通过讲授、演示法等对新知进行讲解；（4）通过一个完整的案例，对实现流程及其代码进行演示与讲解。最后对本课内容进行小结，并布置不同难度的课后作业，鼓励学生利用"口袋实验"选做高阶练习，激发其专业志趣，提升其实践能力。

表 3-8　基于首要教学原理的微课教学设计（"单总线通信"）

微课名称	单总线—传感器与单片机缘牵一线			
教学对象	电子信息工程专业大三学生			
学习者分析	学生已修完"单片机原理及应用"及"C 语言程序设计"课程，对 C51 编程有一定的基础，具有一定的信息搜索能力和协作配合能力，个别学生对"单总线通信"知识点有过接触和实操练习			
教学目标	1. 通过讲解单总线温度传感器 DS18B20 的工作原理，帮助学生理解单总线器件技术； 2. 通过讲解 51 单片机对单总线温度传感器 DS18B20 读写的编程要点，提高学生对芯片工作时序的理解能力； 3. 通过融入课程思政点："月老一线缘牵"神话传说的出处（在微课中聚焦问题时点出），培养学生文化素养，学习和生活中要遵守时序观念（在微课中讲解读写时序时点出），培养学生具备有序配合的工作习惯			
重点与难点	重点：温度传感器 DS18B20 的工作原理；单总线器件的典型命令序列。 难点：温度传感器 DS18B20 的读写时序			
教学过程安排				
教学环节	实施要素	教学内容	教学方法	时间分配
聚焦问题	交代任务 任务序列	通过中国神话月老为有情人一线缘牵的美丽传说，引出单总线（1-wire）机制，提出问题：单总线器件如何与主控芯片通过 1-wire 通信？以单总线代表芯片温度传感器 DS18B20 进行讲解，由简单到复杂的三个任务：1. 主控芯片牵单总线器件牵的是什么？2. 主控芯片怎样牵单总线器件？3. 主控芯片何时牵单总线器件	1. 通过 FLASH 动画展示一线缘牵的传说（课程思政），边展示动画边引出问题。 2. 教师引导学生把问题拆分成由简单到复杂的任务序列	1min
激活旧知	回忆旧知	单总线机制与之前学过的 I²C 总线在工作方式上的区别	通过图形动画展示及教师陈述，引导学生理解单总线与 I²C 总线的区别	0.5min

教学环节	实施要素	教学内容	教学方法	时间分配
示证新知	紧扣目标 提供指导 善用媒体	1. 单总线 DS18B20 传输的是数字温度信号，数字温度信号的存放形式和存放位置是什么？ 针对任务一：主控芯片牵单总线器件牵的是什么？ 2. 单总线 DS18B20 如何与单片机通信传输温度数据。 针对任务二：主控芯片怎样牵单总线器件？ 3. 单总线 DS18B20 与单片机通信需要遵循读写时序（初始化时序、读时序、写时序）。 针对任务三：主控芯片何时牵单总线器件	1. 讲授温度存放形式时，给出实例讲解，并给出相似习题让学生操练。 2. 讲授读写时序时，提醒学生在学习和生活中也应有时序观念，互相配合，提高办事效率（课程思政点）。 3. 初始化时序和读写时序结合时序图及对应代码段讲解	6min
尝试应用	目标操练 变式问题	给出完整的单片机与单总线 DS18B20 通信的程序流程图，并进行案例说明和程序讲解，总结微课内容	1. 通过思维导图归纳微课主要内容，进一步提炼微课的重点内容。 2. 使用 Keil 编程软件，并将程序下载至开发板进行实物演示，加深学生对理论与实践相结合的体会	2min
融会贯通	表现业绩 反思提高 创造应用	编写上述案例的完整 C51 程序，上传到超星学习通。高阶选做练习：编写总线上挂接两个 DS18B20 的相关程序。思考：后疫情时代测温仪需求量巨大，查阅资料调研非接触式测温仪的种类及工作原理	1. 鼓励学生把作业发布到学习平台，给学生公开展示新知的机会。 2. 启发引导学有余力的学生完成高阶选做练习，并对教师提出的问题进行课后自主探索	1min
微课评价	Keller 动机测量表对学生观看学习该微课前后的动机变化进行测量与数据分析。根据得到的评价数据，对实践类微课教学效果的影响因素进行分析，并提出改进策略			

3.5　小结

　　混合教学模式的构建是一个系统性工程，既涉及一门课程的整体性建设，即从教学内容、教学资源、教学方法及教学评价四要素融合进行课程级的规划，也包括针对微观教学设计，即每一个教学单元或知识点的教学设计。本章以首要教学原理为理论基础，分别以教学单元、知识点为对象，对混合教学模式设计及其应用案例进行了深入分析。同时，在两类教学设计中均考虑了课程思政元素的融合问题。

　　后续拟在以下方面作进一步研究与实践，具体如下。

　　其一，借助产教融合更新理论课程的教学内容及教材。一方面，研究如何依托产业学院等产教融合平台，深度引入企业资源，全面更新课程内容。另一方面，如何编写具有应用特色的教材。以"数字信号处理"为例，拟设计1~2个典型的实际应用案例，贯穿整个教材内容中①，使学生了解理论知识与实践应用的联系所在。

　　其二，个性化教学资源的设计与推送。理想的教学，应该是因材施教，进行个体化的资源推送是提高混合教学模式的智慧程度的重要方面。当然，在实际中这不仅需成本的投入，还需要对个性化的指标变量进行选择。比如可以通过对学生的学习风格进行调查，并将其作为个性化教学资源呈现的参考因素，对资源的呈现方式做针对性调整与设计。

　　其三，智能化在线学业评价与诊断系统的构建。研究具有全面跟踪学习过程，对学习效果进行全面分析的学业评价与诊断系统，根据学生的学习状态及需要对其学习资源进行个性化推荐，为实现因材施教和促进学生的个性化发展创造条件，也可为持续改进教学效果提供科学的依据。

---

　　①　这一思路在1982年由中央广播电视大学出版社出版的译作《控制工程基础》一书的编写可见其影，该书原由英国开放大学所编。该书在讲述每一个内容都将其与天线控制与锅炉水位控制两个实例相联系，极具特色。

参 考 文 献

[1] 盛群力，华煜雯．面向完整任务的教学排序与评估——四述梅里尔首要教学原理 [J]．远程教育杂志，2008（4）：16-24．

[2] Merrill M D. First principles of instruction [J]. Educational Technology Research and Development, 2002, 50 (3)：43-59．

[3] 盛群力，马兰．"首要教学原理"新认识 [J]．远程教育杂志，2005（4）：16-20．

[4] 盛群力，马兰．走向 3E 教学——三述首要教学原理 [J]．远程教育杂志，2006（4）：17-24．

[5] 盛群力．五星教学过程初探 [J]．课程．教材．教法，2009，29（1）：35-40，55．

[6] 盛群力．五星教学模式对课程教学改革的启示 [J]．教育发展研究，2007（24）：33-35．

[7] 戴维 H，乔纳森，盛群力，向佐军．首要学习原理 [J]．当代教育与文化，2015，7（1）：3-9．

[8] 戴维 M，梅丽尔，盛群力，等．首要教学原理 [J]．当代教育与文化，2014，6（6）：1-7．

[9] 庄科君，贺宝勋．基于首要教学原理的电子教材的设计研究 [J]．现代教育技术，2012，22（4）：21-24．

[10] 张红艳．首要教学原理下高校"多媒体技术"课程 APP 移动学习资源建设研究 [J]．教育理论与实践，2014，34（24）：50-51．

[11] 俞建华．首要教学原理视角下的网络课程建设模式 [J]．中国电化教育，2010（4）：67-70．

[12] 陈君贤．翻转课堂中运用"五星教学模式"的探索与实践 [J]．电化教育研究，2016，37（10）：122-128．

[13] 亓玉慧，高盼望．基于首要教学原理的翻转课堂教学设计探索 [J]．山东师范大学学报，2018，63（2）：99-105．

[14] 熊邦忠，张希明．O2O 迭代式项目学习的设计与应用——基于首要教学原理视角 [J]．中国远程教育，2020，41（4）：36-42，57，76-77．

[15] 魏戈．五星教学四十年——追求效率、效果与魅力之路 [J]．开放教育研究，2012，18（6）：61-69．

[16] 戴维 H，乔纳森．学会解决问题：支持问题解决的学习环境设计手册 [M]．上海：华东师范大学出版社，2015．

[17] 向友君．数字信号处理网络课程教学探索与实践 [J]．现代教育技术，2009，19（S1）：260-261．

[18] 黄永平．数字信号处理精品课程建设的探索 [J]．教育与职业，2014（32）：188-189．

[19] 罗忠亮．"数字信号处理"课程教学改革实践探索 [J]．教育评论，2015（2）：124-126．

[20] 成慧，陈有生，张萍．电子信息类专业数字信号处理课程教学的探讨——以倒立摆小车的理论分析与系统实现为例 [J]．武汉大学学报（理学版），2012，58（S2）：274-278．

[21] 李利，陈刚，田雪莲．项目驱动在"数字信号处理"课程教学中的应用 [J]．实验室研

究与探索，2015，34（12）：168-170，178.

[22] 王艳芬，张晓光，张林，等．以"数字信号处理"课程为例进行渐进混合式教学模式的探索与实践［J］．实验技术与管理，2020，37（12）：244-249.

[23] 杨长生，梁红，曾向阳．基于"高阶思维"理念的"数字信号处理"课程设计［J］．高等工程教育研究，2020（2）：159-163.

[24] 陶丹，黄琳琳，胡健，等．基于BOPPPS模型的"多速率数字信号处理"课堂教学设计［J］．实验技术与管理，2020，37（7）：183-186.

[25] 杨智明，彭喜元，俞洋．数字信号处理课程实践型教学方法研究［J］．实验室研究与探索，2014，33（9）：180-183.

[26] 武晔，万永革，武巴特尔，等．数字信号处理课程"地震数据重采样"综合性实验设计［J］．实验室研究与探索，2018，37（2）：178-182，192.

[27] 殷世民，李定样，方成，等．数字信号处理课程思政初探［J］．大学教育，2021（6）：128-130.

[28] 徐艳，朱孔伟．"数字信号处理"课程思政教学的融入点探索［J］．教育教学论坛，2021（7）：117-120.

[29] 顾相平．"数字信号处理"课程思政教学改革实践［J］．创新创业理论研究与实践，2020，3（23）：19-20，26.

[30] 常莉俊．自由选择：以学生为中心的一流大学课程建设究［J］．黑龙江高教研究，2019，37（9）：148-151.

[31] 李银丹，李钧敏，施建祥．产教融合视角下应用型本科高校一流课程建设策略研究［J］．中国大学教学，2020（5）：46-51.

[32] 杨祥，王强，高建．课程思政是方法不是"加法"——金课、一流课程及课程教材的认识和实践［J］．中国高等教育，2020（8）：4-5.

[33] 张红伟，蒋明霞，兰利琼．一流课程建设的要义：思想性与学术性［J］．中国大学教学，2020（12）：36-41.

[34] 严慧，徐志国，史金芬．基于虚拟仪器技术的数字信号处理教学研究［J］．集成电路应用，2019，36（5）：47-50.

[35] 姜志鹏，陈正宇，史金芬，等．应用型工科院校"口袋实验室"培养模式探索——以电子信息工程专业为例［J］．统计与管理，2015（10）：173-174.

[36] Mcgrew L A. A 60-second course in organic chemistry［J］. Journal of Chemical Education，1993，70（7）：543-544.

[37] 胡铁生．"微课"：区域教育信息资源发展的新趋势［J］．电化教育研究，2011（10）：63-67.

[38] 张喆．二语教学微课设计存在的问题及优化策略［J］．西安外国语大学学报，2021，29（1）：69-72.

[39] 卜彩丽．ADDIE模型在微课程设计中的应用模式研究［J］．教学与管理，2014（24）：90-93.

[40] 王永花，殷旭彪．从支持教到支持学的微课设计思路构建［J］．教学与管理，2020（18）：107-109.

［41］张栋科，张月．初中数学情境化微课的设计框架与应用路径［J］．教学与管理，2020（22）：39-42.

［42］梁文福，袁书琪，黄向标．基于问题式教学的高中地理微课设计与实践思考——以板块运动与河流地貌的发育为例［J］．地理教学，2020（23）：26-28.

［43］康凤娥，孔令德．微课在"计算几何算法与实现"课程教学中的应用［J］．实验技术与管理，2019，36（7）：151-154.

［44］高琳琳，高晓媛，解月光，等．回顾与反思：微课对学习效果影响的研究——基于38篇国内外论文的元分析［J］．现代远距离教育，2019，181（1）：37-45.

［45］杨晓娟，巩道坤，毕华林．问题解决类微课的教学有效性实验研究［J］．现代教育技术，2019，29（2）：52-58.

［46］刘小晶，张剑平，杜卫锋．基于五星教学原理的微课教学设计研究［J］．现代远程教育研究，2015（1）：82-89，97.

［47］陆一琳．基于五项首要教学原理的微课教学设计浅探［J］．教育理论与实践，2017，37（36）：43-45.

［48］陈晓姣，杨智英，严永旺．基于首要教学原理的化学实验微课设计［J］．化学教育，2018，39（6）：35-38.

［49］孙福．高校微课建设的思考［J］．实验技术与管理，36（6）：242-243，258.

［50］梅辉，韦琴，张军林，等．微课在本科院校实验教学中的应用——以"基因工程实验"为例［J］．黑龙江畜牧兽医，2016（7）：258-261.

［51］金瑾，姜海波．关于微课内容素材准备的探索研究［J］．科技风，2017（2）：25-26.

［52］荣争辉．基于首要教学原理的初中物理微课设计研究［D］．昆明：云南师范大学，2021.

［53］伍丽媛．微课程的设计理论和应用［M］．成都：四川大学出版社，2017.

［54］谢幼如，张惠颜，吴利红，等．基于ARCS的在线开放课程自组织学习模式研究［J］．电化教育研究，2017，38（7）：43-50.

4 基于"互联网+口袋实验室"的混合教学模式设计与实践

4.1 引言

应用型高校，特别是工科院校，其理论和实践课程的教学通常以线下统一安排的方式实施，带有明显的工业化时代的印记。但这种教学安排方式不可避免地受到时空限制，学生个体学习需求难以得到充分满足，从而极易导致在课堂教学氛围、课后学习模式、师生互动、学习效果评价和考核等方面产生诸多问题。同时，受到师资队伍、教学条件等诸多因素影响，应用型高校中普遍存在学生实践创新能力训练不足、动手能力不强等问题，难以满足新形势下应用型人才培养的需要。

随着时代的发展，传统线下统一安排的教学组织形式存在的缺陷越发凸显，也引起了教育管理部门、各高等院校的充分关注。2019 年，教育部在《关于深化本科教育教学改革全面提高人才培养质量的意见》（教高〔2019〕6 号）文件中明确指出："加强课程体系整体设计，提高课程建设规划性、系统性，避免随意化、碎片化；着力打造一大批具有高阶性、创新性和挑战度的线下、线上、线上线下混合、虚拟仿真和社会实践'金课'。积极发展'互联网+教育'、探索智能教育新形态，推动课堂教学革命。"[1]

在全面提高人才培养质量和全力打造"金课"的背景下，对于应用型本科院校的工科专业，工程实践类课程是其核心课程，作为学生专业基础知识与技能培养的基本平台，其主要目标是培养学生产品的设计、制作与调测能力。如何在工程实践类课程的教学过程中，将传统线下、基于互联网的线上教学模式相结合，构建针对实践类课程的混合教学模式，突出应用型教学内容，围绕学生的创新和实践能力来开展人才培养，是应用型高校在"金课"建设中亟待研究、解决的现实课题。

以应用型本科院校电子信息类专业为例，此类专业课程具有理论性和实践性强的特征，传统线下教学模式中，通常要求学生在指定实验室里完成规定的项目。然而，在混合教学模式的线上教学场景下，存在如何保障学生实践环节的工作量与复杂度的问题，这就要求深入研究如何借助新的教育技术手段，改革创新线上实践环节的教学方法，以切实保障混合教学模式中线上实践环节教学质量。

而随着微电子技术的快速发展，电子类实验设备逐步实现了微型化，且功能丰富、价格低廉、携带方便，并因此产生了"口袋实验室"的概念。"口袋实验室"（Pocket Labs）是指将传统实验设备的大部分功能集成到一块面积较小的实验开发板上。教学过程中依据专业课程特点为学生配备相关便携式"口袋实验室"设备，将允许教师与学生根据教与学的需要，随时随地开展实验活动，达到泛在学习的目的。

另一个值得注意的事实是，在混合教学模式中，如果线上学习者不具备使用"口袋实验室"设备的客观条件时，如何借助新兴的互联网技术，使得线上学习者通过互联网实现与远程实验设备的真实交互，并获得真实的运行结果，也是一个值得探索的现实课题。

针对混合教学模式实施中存在的实践性环节教学中难以有效开展远程实验，线下实验开设受时间、地点等条件限制等现实问题，本章介绍了一种基于"互联网+口袋实验室"的混合教学模式，首先分别对"口袋实验室"和"互联网+"教学的研究现状进行了分析，然后针对工科类专业实践性环节的教学中存在的问题进行了梳理，并从实施流程、内在机制以及资源建设方面，阐述了基于"互联网+口袋实验室"的混合教学模式的构建方式，并就该教学模式的教学活动设计思路进行了探讨，最后给出了其在电子信息工程专业课程教学中的应用与实施案例。

4.2　相关问题的研究现状分析

本节将分别对"口袋实验室"及"互联网+"教学的研究现状进行简要分析，为后续构建基于"互联网+口袋实验室"混合教学模式的必要性与可行性论证提供依据。

4.2.1　"口袋实验室"及其研究现状

在"口袋实验室"概念出现之前，工科类专业实践性环节所用的实验设备大多有一定的体积，即使是芯片类的相关课程，其实验所用的实验箱，体积相当于两个笔记本电脑包。这类实验箱一般只能用在具有一定物理空间的实体实验室，对同一个实验项目按课程表安排的时间段进行实验教学时使用。由于学生的能力、兴趣和学习状态的差异，课程大纲中规定的基础实践项目只能满足大多数具备平均水平学生的学习需求，但无法满足部分学有余力学生的进一步学习的个性化需求。因此，教师无法兼顾到所有层次学生的需求，从而降低了因材施教的可行性，无法充分提高学生整体素质和创新能力。在此情况下，将实验设备"口袋化"，即体积微型化，其目的正是方便使用者携带，允许实验者在自选场合、自选时间进行实验。以电子信息类专业为例,其实验环节中所涉及的大多数设备的电源电压并不高。因此,通过便携式充电器,配备常见的 USB 充电线,即可实现设备供电,这就使得"口袋实验室"设备可随身携带。通过精心选择实验核心电路板,并优化板上外设,能够满足大多数的实验功能需求。对于部分功能所需设备不便携带的,可使用软件进行仿真实验。因此,电子信息类专业的实验设备"口袋"化是切实可行的。

国际知名公司纷纷注意到"口袋实验室"在高校中的应用价值,积极推出相关产品支持这一实践教学模式。以电子信息类专业领域为例,Digilent 公司推出了 BASYS3 开发板,TI 公司推出了 MSP430 Launchpad 开发板。这些开发板均为手掌大小,只需一根 USB 线与 PC 的 USB 接口相连,辅之必要的外围模块,即可开始实验。由于开发板价格便宜,携带方便,可以做到"一人一板,随时随地学习"。借助"口袋实验室",电子信息类专业的大部分实验环节均可突破原有必须在实体实验室进行的局限。

目前,东南大学、哈尔滨工程大学、中国地质大学、湖南大学、北京科技大学等高校部分工科专业都较早展开了这方面的探索工作[2,3]。东南大学设计了一种以单片机为核心,以模拟电路模块为辅的电路类"口袋实验室"设备,配合虚拟软件则具备示波器、信号源和逻辑分析仪等功能[4]。哈尔滨工程大学信息与通信工程学院采用图书馆信息化管理系统实现了"口袋实验室"资源的借用、归还、预约、续借等管理功能[5]。中国地质大学电工电子中心建设了"口袋实验室",结合使用实验箱与"口袋"开发板拓展实验室的功能[6],有利于学生开展从易到难、从简单实验到综合实验。湖南大学电气与信息工程学院探索了基于单片机"口袋实验室"的全程学习与应用模式,并开发了一款单片机"口袋实验室"设备[7]。北京科技大学针对"卓越计划"学生开展基于 NI myDAQ 的"口袋实验室"改革[8]。此外,越来越多的国内高校,在"数字电路"课程中,将"小脚丫"口袋型 FPGA 开发板或 Diligent 公司 Xilinx BASYS3 FPGA 实验板带进课堂,实时验证数字逻辑的设计[9];在"模拟电子技术"课程中,也可以利用 Analog Discovery 2 口袋分析仪或 ADI 公司的 ADALM 2000,搭配面包板和简单元器件构成便携实验系统,方便师生在课堂教学中对各种模拟电路实验项目进行验证[10]。

国外众多工科类院校也较早实施了"口袋实验室"的探索,如英国德蒙福特大学(De MontFort University),为学生提供了多套基于微控制器或 FPGA 的最小系统开发板作为"口袋实验室"平台,学生在课内实验以及毕业设计阶段均可以利用此平台展开实验与设计。验收时,学生须当场演示基于"口袋实验室"的实验过程,并进行答辩。更多的国内外高校已经注意到"口袋实验室"对提高教学效果的重要意义,可以预见加入这方面探索行列的国内高校将越来越多。

4.2.2 "互联网+"教学的探索现状

国外高校在"互联网+"教育方面的探索开展较早,其中较著名的是"翻转课堂(Flipped classroom)"。这种教学模式,使"课堂上听教师讲解,课后回家做作业"的传统教学模式发生了"翻转",即学生可以通过互联网观看教学视频,尝试自主完成"作业"等学习任务,而课堂上教师的主要任务是针对学生"作业"中的共性问题进行讲解。早期的"翻转课堂"活动,由于教学视频制作的成本较高,使其付诸教学实践受到了限制。2010年以来,"可汗学院(Khan Academy)"等网站提供了大量免费教学视频,不但改善了翻转课堂的视频来源问题,也使得翻转课堂的影响力扩展至全球范围。然而,学生在可汗学院观看的教学视频的过程是单向的,缺少师生交流,很大程度上影响了学习效果。2011年,由美国斯坦福大学教授塞巴斯蒂安·史朗将有关课程资源在互联网上开放,吸引了来自190多个不同国家和地区的160000名学生,由此产生了第一个大型开放式网络课程平台,即MOOC(Massive Open Online Courses)。借助于互联网,MOOC学习者可以借助完成作业和讨论等形式实现教学互动,且互联网平台的特征使得课程的学习人数与学习身份没有限制[11]。但学生身份的"多元化",某种程度上也是MOOC的弊端,因为不能确保参与学习的是"学习者"本人,这也使得MOOC参与者所获得学分常常不被社会认可[12]。

在国内,以MOOC课程建设为抓手,对"互联网+"教育的实践探索也同步开展起来。从2012年开始,在上海市教委的牵头下,三十多所上海高校联合成立了上海高校课程资源共享管理委员会,以信息技术平台为支撑,推动各个学校的优质课程向其他高校的学生开放,打造中国特色慕课[13]。东西部高校课程共享联盟则成立于2013年,旨在协调各高校在线课程的跨校共享[14]。

2015年7月1日,国务院印发了《关于积极推进"互联网+"行动的指导意见》,将"互联网+"定义为"把互联网的创新成果与经济社会各领域深度融合,推动技术进步、效率提升和组织变革,提升实体经济创新力和生产力,形成更广泛的以互联网为基础设施和创新要素的经济社会发展新形态"[15]。2015年11月19日,有关领导在第二次"全国教育信息化工作电视电话会议"上对"十三五"期间"互联网+"在教育方面的支持提出了要求。2018年2月11日,教育部办公厅印发的《2018年教育信息化和网络安全工作要点》中,将发展"互联网+教育"作为工作重点之一[16]。

在学术界,国内各高校近年来对"互联网+"教育也开展了大量的研究和探索。尚俊杰等[17]将"互联网+"教育的优势总结为四点:拓展了优质课程资源,促进了优质资源共享;与翻转课堂相结合的教学模式推动了学习的自主性和互动性;给予学生更多的选择空间,推动学生个性化发展;增强了课程的实践性,推动理论与实践的紧密结合。蒋维西等[18]认为应该依托互联网，推动课程理念的完善与更新；借助校企或校校合作搭建平台，加速海量优质课程资源的集群；凭借分析与定量的评价方式，促进课程评价的多元化与科学性；运用云计算与智能游戏服务于课程，推进学生课程学习体验的优化。白朝阳等[19]提出了多方协同参与的面向在线网络课程的实践教学平台建设模式，可为学生提供贴近企业实践过程的 MOOC 实践教学。刘国买等[20]提出用互联网思维推进课程建设的理念，认为应基于产教融合、校企合作整合课程资源，搭建教学平台，构建"一体化课程资源"，创新"一体化教学环境"，并完善"一体化学习共同体"。以上研究表明，"互联网+"背景下的高等教育教学改革，对于弥补传统教学模式的不足，提高教育教学质量具有重要意义。

4.3 基于"互联网+口袋实验室"的实践性环节混合教学模式设计与实践

本节在分析传统线下、线上教学中实践性环节存在的问题与不足的基础上，详细阐述了基于"互联网+口袋实验室"的混合教学模式设计过程，对具体的实施流程、师生互动机制的设计及资源建设的建议及其对学生实践能力培养的价值进行了介绍。

4.3.1 工科类专业实践性环节教学中存在的问题

4.3.1.1 传统线下实践性环节教学中存在的问题

传统的实践教学模式下，工科类专业学生的实践训练主要在实验室内进行，即在指定实验室中按照教师预先设计的实验步骤完成实验，从很多方面显露出不足，见表 4-1。首先，实验安排依赖于实验室的整体安排，当实验课程以及实验班级较多时，往往不得不全天候安排实验。而其中有些时段恰恰是学生兴奋度最低的时候，此时的学生普遍感到倦怠，对学习缺乏兴趣，直接影响了实验的教学效果。其次，由于实验设备管理规章的约束，或者实验设备的体积较大，通常情况下，学生不具备将实验设备带出实验室的条件。这使得学生在有创新灵感，或者有设计需求时，往往没有实验条件付诸实施，从而在一定程度上制约了学生创新能力的培养。最后，单纯在实验室中按照教师预演的步骤去进行实验，削弱了学生的探索欲望，习惯于被动地按照已有规定按部就班地完成实验，不利于学习创新能力的提升。

表 4-1　传统线下实践性教学环节的弊端分析

传统实践教学环节现状	弊　端	产生的不良后果
根据实验室的整体教学任务安排时间，无法全天候安排实验	有些时段对部分学生来说，学习兴奋度低	学生在低谷时段感到倦乏，对实践操作缺乏兴趣，直接影响了实验的教学效果

传统实践教学环节现状	弊　　端	产生的不良后果
学生不能轻易将实验设备带出实验室	学生有设计灵感和设计欲望时，没有实验条件付诸实施	不利于学生产生创新能力的培养
在实验室按照教师预设实验项目和预演步骤进行实验	学生容易习惯于被动地、按部就班地完成实验	削弱了学生的主动思考和个性探索欲望，不利于学习创新能力的提升

4.3.1.2　混合教学模式中线上实践性环节教学中存在的不足

将互联网融入教学活动，是混合教学模式中环境要素混合的一种重要形式。而将互联网技术融入工科类专业课程的教学，则具有更明显的优势。然而，迄今为止，具有普适性的"互联网+教学"模式尚有待进一步研究。此外，工科类专业课程的教学过程中，不仅注重实验技能和动手能力的训练，而且重视学生科学思维与创新能力的培养。而现有的对以 MOOC 为代表的"互联网+"教学的探索，仍侧重于理论知识的获取，尚未完全满足实践能力培养的要求。尤其是部分工科专业的实践性环节，对实验设备的依赖程度较高，而这些专业的实验设备要么体积庞大、要么有严格的安全要求。因此，对很多专业来说，"互联网+"背景下的教学，很大程度上限于理论教学环节；基于互联网的线上实践性环节的教学效果，就学生实践能力的培养而言，难以与真实实验室条件下的教学效果相匹敌。

以电子信息类专业为例，在其专业课程的教学实践过程中能够感受到线上的实践教学环节所面临的困境，如硬件类实验的开展受到极大的限制，这是不容忽视的"短板"。在"互联网+教学"模式下，学生往往不在校园内，甚至有可能散布在全国各地，然而电子信息类专业课程大多数课程，通常要求学生必须依托硬件平台开展实验。该类专业课程只有通过充分的实践，才能使学生不仅了解基本实验操作过程，而且能获得"试错"机会，通过实践过程中亲自遇到问题并反复调试解决问题的经历，有助于学生对知识点的深入理解。学生如果缺乏足够的实践，而只满足于所知的"理想化"的操作步骤，或者满足于"仿真"结果的相对完美，将不利于其实践与创新能力的培养与提高。

但是，在集成电路制造工艺突飞猛进的今天，对于电子信息类专业来说，在功能满足要求的前提下，将实验设备小型、便携化，即"口袋实验室"化，已成为一种现实与趋势。这就为构建基于"互联网+"实践性环节混合教学模式并付诸实施，提供了必要的设备保障。

4.3.2 基于"互联网+口袋实验室"的混合教学模式设计

针对"互联网+"教学模式在电子信息类专业课程的实践环节中所遇到的困惑，引入"口袋实验室"，将"互联网+"与"口袋实验室"的优势互补，能够有效提高该类专业线上课程的教学效果，尤其是实践性环节的教学方面，具有较明显的优势。

电子信息类的专业课程之所以特别适用"口袋实验室"的教学模式，是基于这样一种现实，即一方面多数实验设备所需的电源要求不高，使用便携式充电器即可供电，另一方面，通过精心选择实验核心电路板，并优化板上外设，构建的"口袋实验室"能够满足大多数的实验功能需求，也便于随身携带、随时随地开展实验与学习。因此，将"口袋实验室"与"互联网+"相结合，能够较好地满足实践性环节混合教学的需要。本节将从实施流程、实践环节的互动机制及资源建设等方面，对"互联网+口袋实验室"的实践性环节混合教学模式的内涵进行阐述。

4.3.2.1 基于"互联网+口袋实验室"的混合教学模式的实施流程

在互联网条件下，"口袋实验室"的应用过程中，应根据具体课程特点、具体知识点的学习方式来决定口袋设备的选用。具体来说，首先，应对专业课程的实验环节进行全面分析，根据工程教育认证所确定的课程目标，确定各实验项目的实施过程与硬件的关联性。例如，对于演示性实验项目，可以全程基于互联网平台进行线上演示实验，此时不需要使用"口袋实验室"设备。其次，对于需要硬件实验设备的实验项目，应重点分析所需的设备是否全部可以"口袋"化。如果某实验项目的所需设备全部可便携，则可采用"口袋实验室"教学模式。而对于基于硬件平台的实验项目，当学习者无法获得全部硬件实验设备时，还需再做进一步分析基于"口袋实验室"实施教学的可行性。需要思考的问题为：（1）如果只有部分设备可便携，则需要分解实验内容，将实验内容分解为可线上仿真实验、可线下"口袋实验室"实验的不同部分；（2）在某些特殊场景下，如线上开放课程的教学过程中，有部分学生不具备便携式"口袋实验室"的条件，则可以采用线上模拟搭建实验环境，通过互联网，将学生模拟搭建的实验环境传送到服务器，由服务器连接相关硬件设备，完成硬件测试，并将硬件测试的结果，通过互联网工具，传递给学生端，用于查看、分析实验结果以及实验过程的调整。图 4-1 所示为基于"互联网+口袋实验室"的混合教学模式的实施流程。

4.3.2.2 混合教学模式的实践环节互动机制

在混合教学模式下，学生在远程的学习环境中，依靠所拥有的"口袋实验室"设备，能够开展种类繁多、复杂度适宜的各类基于硬件的实验。在学习过程中，当学生需要获得及时指导和启发时，教师可通过互联网教学平台及时响应。

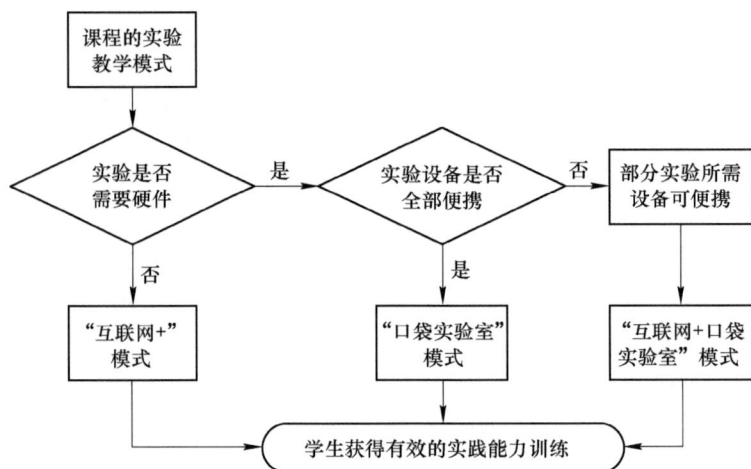

图 4-1　基于"互联网+口袋实验室"的混合教学模式的实施流程

　　这样，借助互联网的技术优势，利用丰富的在线教学平台和各种软件工具，打破传统课堂师生问答式互动的单一方式，便捷、灵活地实现师生互动。线上实验环节中，考虑到教师与学生处在不同的地点，为了保障学生实验过程的顺利开展，教师应充分利用现代远程交流工具，比如 QQ、微信、腾讯兔小巢等工具及时给予学生必要的指导，并保障实践教学的正常开展[21]。

　　本节将对基于"互联网+口袋实验室"的混合教学模式中实践环节互动机制进行分析。图 4-2 所示为互动机制形成示意图，其主要环节说明如下。

　　（1）课前环节：教师适宜地发布线上学习资源，让学生做好理论预习，熟悉所持有的"口袋"实验设备，既能提高课堂学习的理解力，又能使学生在课前对相关实验项目进行必要的思考和准备。

　　（2）课中环节：一方面对新的知识点，教师可以在线上基于"口袋"实验设备进行启发性的实验演示；另一方面对于前期布置的实验项目，允许学生在线上能够演示自己进行的实验成果，其他学生均可以针对学生所演示的内容进行在线讨论。由于所有学生都已经基于"口袋"实验室开展了硬件实验，并获得了相应的经验，因此在线上讨论过程中，有可能激励全体学生积极展现自己的良好学习状态，针对他人的实验结果发表见解，有助于实现学生之间的充分互动。教师可以就讨论中发现的共性问题和复杂问题进行讲解和启发，极大满足了线上实践项目的学习需求。

　　在线教学基于网络平台，互动方式多样，不需和老师面对面进行互动，因此，学生顾虑少、心理压力小。课堂教学过程中，教师可通过聊天窗口或交互界面同时回答学生问题，可及时、全面地了解学生对讲授内容的理解程度和课堂教学效果。

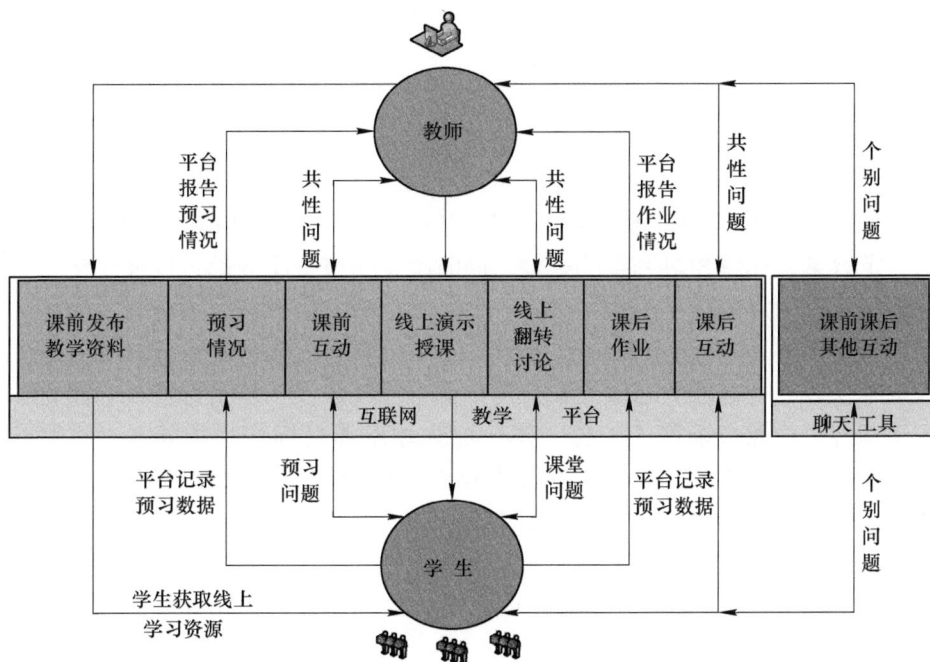

图 4-2　基于"互联网+口袋实验室"教学模式中实践环节的互动机制

（3）课后环节：通过对实验项目中实验任务的互动以及智能测评，最终完成知识传递，并对学生的掌握程度进行科学评价。

由上述实施过程可见，基于"互联网+口袋实验室"混合教学模式，可补齐传统线上线下混合教学模式中，学生只能就理论知识进行协作探究的短板，为其通过互联网开展基于硬件的实验学习，开展协作探究提供了必要条件。

4.3.2.3　混合教学模式中的教学资源建设

前述图 4-2 中，课前发布的学习资源，包括与"口袋实验室"配套的教材、基于"口袋实验室"设备的基本案例，以及与课题有关知识点的相关资源。其中，教材建设是教学资源建设的基础性环节，一本精心编写的教材能够使学生使用"口袋实验室"设备的效果，事半功倍。根据对现有电子信息类专业课程的教材分析，发现很多现有教材难以满足"理实一体化"教学需求。一方面，大多数电子信息类专业课程属于软硬件相结合的情形，偏软件或偏硬件的课程都不利于在实际场景中完整地实现对理论知识的应用与验证，不利于学生专业能力的塑造。另一方面，很多现有教材对理论部分的阐述较多，对有关实际复杂工程应用的知识点或案例则较少。

为此，在实施"口袋实验室"的教学模式时，应特别注重配套教材的编写与创新。专业课程教材应该着眼于学生实践能力的培养，只有完整地将专业理

论、电路设计、仪器使用、软件编程融为一体,才能达成这个看似简单的目标。在编写过程中,至少需关注以下两点:

(1) 满足"理实一体化"的教学需要。编写者首先应基于课程核心教学内容确定相应的实验电路板卡,条件允许的情况下,可自行设计并结合实验板卡,从而达到优化调整各章节的内容、满足"理实一体化"的教学需要的目标。如编写《EDA 技术及应用》教材时,可以"口袋实验室"中 FPGA 开发板为载体,提供一定数量、体系相对完整的案例,同时配备完整程序源码,以便于学习者开展实践性环节的混合式学习。

(2) 体现课程思政,内容上力求达到科学性与思想性的统一。应聚焦立德树人根本任务,有机融入思政元素,助推课程思政建设。从目标层面,将价值塑造、知识传授、能力培养"三位一体"的人才培养目标作为指导教材编写的目标,全面推进课程思政建设,寓价值观引导于知识传授和能力培养之中。从资源积累方面,借助互联网的丰富资源,持续从科技前沿(科技论文、科技成果)、我国电子信息前沿领域的最新成果、科学家的人物传记(主要贡献、人格魅力)、历史事件及故事(引经据典,正面或反面)等方面挖掘课程思政元素,将其中蕴含的工程伦理、工匠精神、科学思维与科学精神、科技报国等思政元素有机融合到教材的专业性内容中。

4.3.3 混合教学模式的价值分析

借助"口袋实验室",学生可随时随地开展实践学习活动,并反复研究理论知识,在获得更深刻的理解后再应用于实践。这种理论和实践的反复进行、互相促进,能较好地体现"知行合一"的理念。学生通过线上线下的融合,有效完成实验,从而促进学生实现创新能力提高,其形成机制如图 4-3 所示。

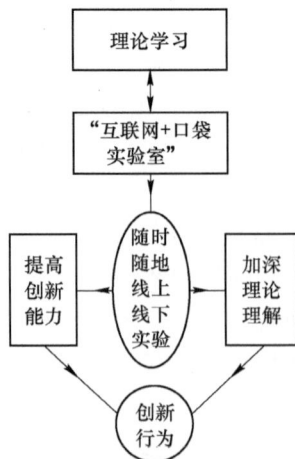

图 4-3 "互联网+口袋实验室"促进学生创新的机制分析

图 4-4 所示为基于"互联网+口袋实验室"的混合教学模式中实践性环节教学效果的促进途径规划示意图。在实施过程中，为了达成"深刻理解理论、形成研究氛围、提高实践能力、促进学生创新行为"的教学目标，通常采取以下几项措施：

（1）注重精讲案例，为学生提供技术基础；

（2）精选便携设备，为学生在任何时间和地点均能迅速开展实验提供保障；

（3）规定基础项目，保证基本教学目标的达成，培养基本实践能力；

（4）鼓励创新选题，激励学生增加创新项目，提高实践创新能力。

上述途径分析中，有两点值得注意：其一，实施过程中采取必做基础项目和自选创新项目相结合。在保证必做基础项目有效开展，实现平均教学目标实现的同时，鼓励优秀学生选择自选创新实验项目进行学习。这样做考虑到了学生的差异性，有利于更好地因材施教。其二，线上开展实验时，需要教师跟踪和团队自查相结合，保证教学管理的有效性，才能真正提高教学目标的达成度。这是由于"口袋实验室"设备的使用，学生可以在无教师直接指导与监督的场景中开展实验，这就对学生管理提出了较高的要求：一方面通过教师定期或不定期地对学生的进度进行跟踪、督促；另一方面，发挥学生团队的主动性，形成集体约束、相互促进的自我管理机制。这两方面不但能形成有机互补的关系，还能培养学生团队合作的工程理念。

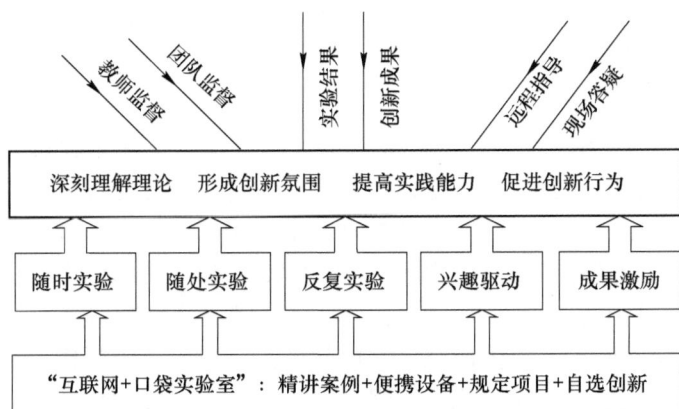

图 4-4 "互联网+口袋实验室"促进实践教学效果的途径规划

4.4 基于"互联网+口袋实验室"混合教学模式的实践教学活动设计

根据"口袋实验室"的特点，结合工程实践类课程的特点，突出教学过程中学生为主体，教师为主导的角色定位，提出了具体的微观教学活动过程设计思路。

A 给出实验方向，要求学生自主完成方案设计

现代工程教育理念，要求学生从构思、设计、实现到运行各个环节都能得到训练。而从工程实践类课程的角度来看，要满足这一要求，首先必须改革实验方式，即摒弃传统的给定课题、给定实现方法的实验模式，改为只给出一个课题方向，由学生在此方向下构思具体设计功能目标，并自由思考确定该功能所需的设计方案。最后根据设计方案实施直至调试运行正常。

由于整个过程均以学生为主体，由学生自己决定具体的预期功能、设计方案并最终实施，极大刺激了学生的探索心理与设计欲望，因而能显著提高工程实践课程的预期训练效果。此外，在课程评价时，将对各方案进行比较，并根据比较结果给出评价等级，这种方法将竞争引入课程教学，同样能显著提高学生的学习主动性。在方案选择过程，学生能够主动思考各种可能的实现方案及其原理。要求学生在舍弃某个设计方案时，能够明确地说明舍弃的技术原因，这样，尽管最后只从众多方案中选择某一种方案进行实施，而那些被否定的方案，其主要原理也已经被学生所消化，有助于增加学生对所学知识的理解。

B 组建实验团队，促进学生协作完成实验

团队合作精神是现代工程师应具备的重要素质之一，也是工程师必备的人际交往能力之一，现代工程教育理念也要求学生具备团队合作意识。作为工程实践类课程，从构思选题、方案选择到元器件准备以及最后实施，工作量较大，确非一个学生所能全部承担。因此，基于"口袋实验室"实施工程实践类课程的教学时，要求首先确定团队。

以 30 人的班级为例，一般以 3 人一组，设置小组长一名，负责全组的设计工作开展。主要任务包括组织本组设计方案的讨论、设计任务分配、设计过程监督等。实施过程中，以学生实验团队的"组长"作为"点"，以点带面，从整体上提高实验团队的实验效果。事实上，"口袋实验室"虽提倡学生自主设计，但并不忽视对其方法和技术方面的指导工作。"口袋实验室"的实施过程中，配备了一批有较多实践经历、较强研究能力的教师甚至校外工程师作为顾问，由这批教师重点培养一批基础扎实、能力较强、具有创新潜质或创新欲望的学生，再由这批学生作为各实验团队的组长带动整组的实习实施。

此外，在课程实施期间，还需建立稳定的团队间交流机制，由各创新团队向教师和其他组分别阐述各自的设计方案，交流可能遇到的问题，共享已经查到的资料，从而形成协同学习的态势。

C 设置汇报交流环节，提高学生的综合能力

传统工科教育侧重于技术本身，然而设计人员的非技术性素质与能力往往对产品设计的质量起着关键性作用。其中，交流表达能力是重要因素之一。因此，在教学设计过程时，建议采取以下措施，分别从口头表达与书面表达两方面来训

练学生的表达能力。

（1）增加课程讨论环节。要求团队内部成员间拿出各自的思路进行讨论，最后限时给出综合设计方案。然后再以团队之间进行设计方案的比较，甚至"争论"，即要求学生不但能看到其他团队的设计优点，也要能指出对方方案的缺点，而被指出缺点一方可以根据自己的思路据"理"力争，充分阐述设计方案的理由等。

（2）增加方案汇报环节。经过团队内部以及团队之间的方案讨论，各团队可以进一步修改各自的方案。此时，专门设置方案汇报环节，要求各团队制作演示文档，并对方案进行陈述。听取方案汇报的对象主要为工程经验丰富的教师与校外工程师。由他们对各团队的方案汇报给出评价，并作为学生考核评价的依据。

（3）重视设计文档。书面表达能力显然是表达能力的重要组成部分，我们要求学生以团队为单位，撰写设计报告。报告中除了要求详细说明设计目标、参数指标、结果展示等，还要求阐明团队成员承担的主要任务，对课题任务完成作出的贡献等。

D 注重"赛学结合"，提升学生的实践创新能力

"口袋实验室"是为了有效提高学生的动手能力、创新能力，而这种能力的衡量，除了可以由教师根据学生的平时表现、设计结果等因素来衡量外，还可以借助竞赛来评估。在"口袋实验室"的培养模式下，要求学生平时就注意竞赛项目的储备，借助"口袋实验室"，从竞赛内容、知识准备、技能训练等方面持续积累。学校要积极组织学生参加相关竞赛，为学生创造充分地从学院、校级直到省级、全国级别的比赛机会，"以赛带学""以赛代考"已成为"口袋实验室"培养模式的重要特征。

学生的创新能力交给校外去评判，能激发学生的荣誉感和拼搏心，有利于学生更主动和高效地投入实验各项工作中。对于参加竞赛获奖的学生，其相应的实验评价等级给予较高的等级。而对于参赛但没获奖的学生，如果其提出的创新设想可行度较高，则可以由教师指导进一步完善设计，最后仍给予其合适的评价，以此可以激发学生的创新热情。

此外，"口袋实验室"的教学模式还应与专业教育相结合，即从学生接触专业的起始阶段、接受主干课程的中间阶段到毕业设计的收尾阶段，全过程融入专业学习过程中。就新生入学专业教育而言，其主要目的是使学生对本专业的主要培养目标、发展趋势、学习方法等有初步的了解，帮助学生尽快地进入专业学习的场景中。然而，有相当一部分学生对新生入学时接受的这种短时专业教育内容印象模糊，并不能有效地达到最初的专业教育目标。基于"口袋实验室"的教学模式的实施有助于学生对整个专业树立全局的观念，具体策略为：

（1）新生入学专业教育时，给出某个精心选择的产品设计课题，该课题应保持较高的真实度与设计规模，能够覆盖整个教学计划中开设的专业课程内容，

并指出需要用到哪些具体的"口袋实验室"装备；

（2）将总课题分解为若干功能块，为学生指出实现各功能模块需要哪些课程的支持，需要用到哪些类型的"口袋实验室"；

（3）教学活动中，专业课的授课教师在教学开始前，向学生说明本课程在专业课程体系中的位置。每门课程教学任务完成后，应指导学生用本课程所学知识完成相应的设计项目，而该项目与前面提及的产品设计课题中局部模块具有类似功能。通过以上措施，学生能够形成比较清晰的专业架构概念，有利于学生更清晰地认识到手上的"口袋实验室"在专业学习中的作用，明确目标，高质量地完成工程实践类课程学习。

4.5　应用案例分析——以电子信息工程专业的课程教学为例

本节按照前述的基于"互联网+口袋实验室"的实践性环节混合教学模式的基本框架，以金陵科技学院电子信息工程专业的课程教学实践与探索为例，介绍了该专业课程混合教学模式的框架设计思路、实施过程及成效。

4.5.1　专业课程混合教学模式的框架设计

在综合考虑本专业的课程特点、学生学情以及教学资源情况的基础上，建立了以"三化、三结合、三全面"为特征的专业课程混合教学模式，图4-5所示为这种人才培养模式的主要思路[21]。

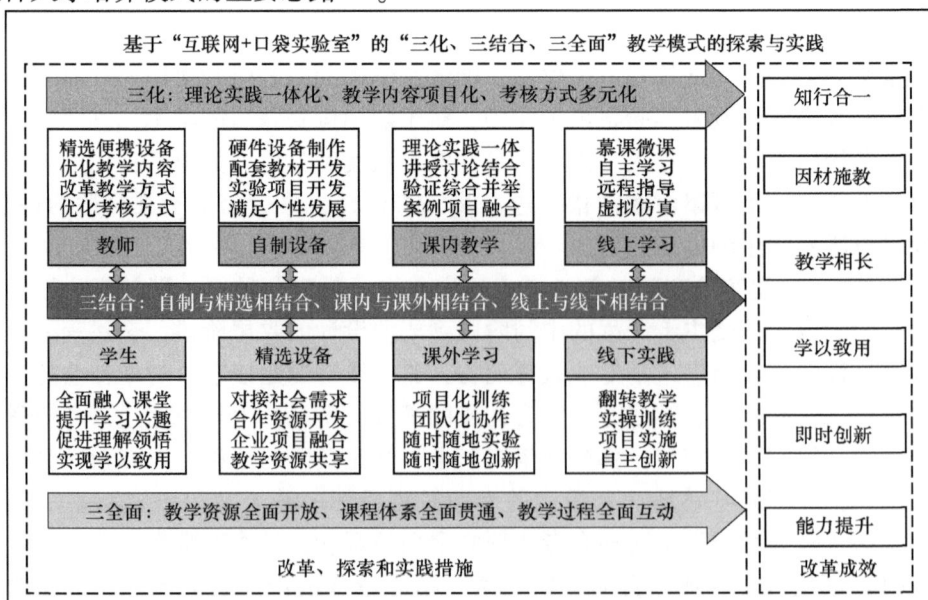

图4-5　基于"互联网+口袋实验室"的"三化、三结合、三全面"专业课程混合教学模式的基本框架

其中，"三化"是指基于"口袋实验室"设备便携、价格低廉、功能丰富等特性，为每位学生配备设备，实施理论实践教学一体化、教学内容项目化和考核方式多元化等"三化"并举的教学方式、教学内容和考核方式的改革。"三结合"是指融合"互联网+"和"口袋实验室"综合特征，在电子信息类专业课程教学改革中，提炼出"三个结合"的教改方案，即线上理论学习和线下实践训练相结合、自制或精选的"口袋实验室"设备与网络教学资源相结合、实践创新活动课内课外相结合。"三个全面"是指构建全面贯通课程体系，将便携实验设备相关教学资源全面开放，推进教学过程的全面互动，落实"三个全面"的教学内容和教学过程的改革创新，即课程体系全面贯通、教学资源全面开放、教学过程全面互动。相关改革活动获得 2018 年金陵科技学院本科教学工作审核评估专家组的高度认可，并在 2018 年召开的全国新建本科院校联席会议暨第十八次工作研讨会上得到引用和推广；团队发表的相关论文在知网中被下载 1000 余次，被引用 40 余篇次，具有一定的引领和示范作用。

4.5.2 专业课程混合教学模式的实施过程及成效

该教学模式的主要优势在于引入了"互联网+口袋实验室"，有效增加了专业实践性环节的教学有效性。在教学实施过程中主要采取了如下措施。

4.5.2.1 建设了"互联网+"条件下的线上开放课程

电子信息类专业核心课程大多为理实一体化课程，此类课程理论与实践往往联系密切。因此，要建立基于"口袋实验室"的混合教学模式，首先要建设线上开放课程。基于"互联网+"模式的构建时，一方面引入爱课程、中国大学MOOC 等平台的优质教学资源，同时组织课程组教师，根据教学需求自制线上教学资源，学生可以自主开展理论学习。学生的线上学习过程已经能够被全程记录，学情报告自动生成，教师可以清晰地查阅学生的学习情况，包括学习资源的学习完成度、学习的时长、学习的频度等，教师能够对此及时作出针对性反馈。这就为"以学生为中心"的教学理念的落实提供了强有力的支撑，教师可以根据学生的课堂学情数据及时给予反馈，并更有针对性地布置练习。这就使得教师能够更精准地实施"因材施教"，能够针对不同进度、不同能力的学生，提供相应的指导。与此同时，由于互联网具有实时检查与智能批改等教学辅助功能，这在很大程度上也极大地节省了教师获取学情信息的时间成本。目前，该专业的所有理论课程都建有在线开放资源，其中"数字电路逻辑设计""EDA 技术及应用""现代电子测量技术"三门课程按"优客联盟"开放课程的要求完成了资源建设，"数字电路逻辑设计"课程在全网开放，在新冠疫情期间的教学中发挥了重要作用。

4.5.2.2 构建了"互联网+"实验系统

"互联网+"实验系统是"互联网+口袋实验室"混合教学模式实施过程的关

键资源。建设过程中，遵循的原则是校企合作共建，在精选企业已有优质资源的同时，也组织课程团队开发自制便携"口袋实验室"设备。

就企业资源而言，基于"口袋实验室"的教学模式受到越来越多高校的关注和采用，众多企业也推出各类便携式"口袋实验室"设备。这些便携设备包括各类开发套件，如树莓派、"小脚丫"、Arduino 开发套件、Xilinx BASYS3 FPGA、TI LaunchPad 口袋实验平台、Pocketlab 便携硬件实验平台[22] 等；也包括各类便携式口袋实验仪器，如美国国家仪器数据采集卡 NI MyDAQ、Diligent 公司 Analog Discovery 2、ADI 公司 ADALM2000 等。这些便携式仪器配合适当的外围电路可以服务于多门课程的教学改革。专业教师可以依据经费状况、教学需要等因素选择企业开发的"口袋实验室"设备。笔者所在专业的部分课程选用了南京润众科技有限公司提供的互联网实验教学平台，其架构如图 4-6 所示。

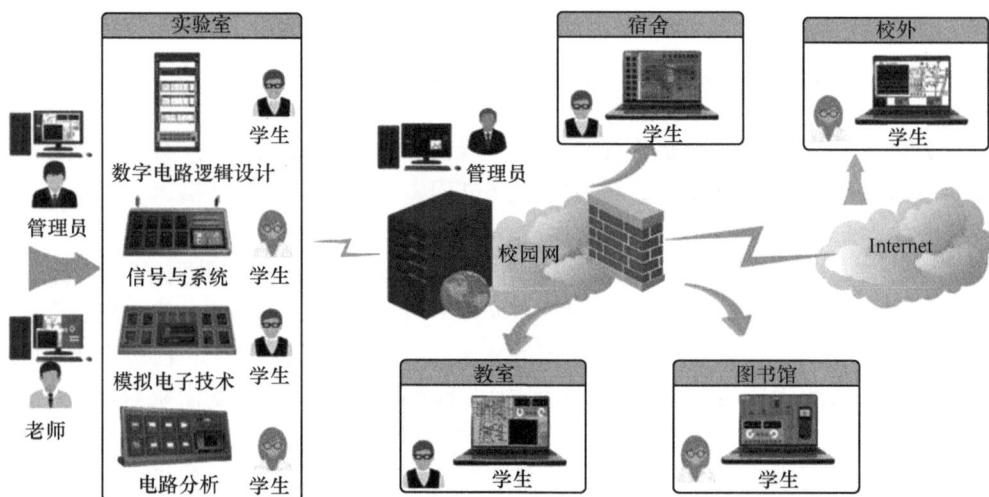

图 4-6 典型"互联网+"实验系统架构示意图

在此平台基础上，建设了 4 门课程的"互联网+"在线实验平台，分别是"互联网+电路分析""互联网+模拟电子线路""互联网+数字逻辑电路（EDA）""互联网+信号系统"。在线实验平台的客户端为学生，能够线上完成的实验均有实际硬件电路对应，硬件资源动态分配，每个实验平台能开发 20 个学生同时实验，多个平台可级联。教学过程中，实验系统在网管软件和操作平台的支持下，学生能在客户端浏览器上实时搭建和控制硬件电路，配置实验电路激励参数，选择测试点，虚拟仪器实时测量实验数据。以"模拟电子技术"课程为例，所采用的"互联网+模拟电路"实验平台如图 4-7 所示。

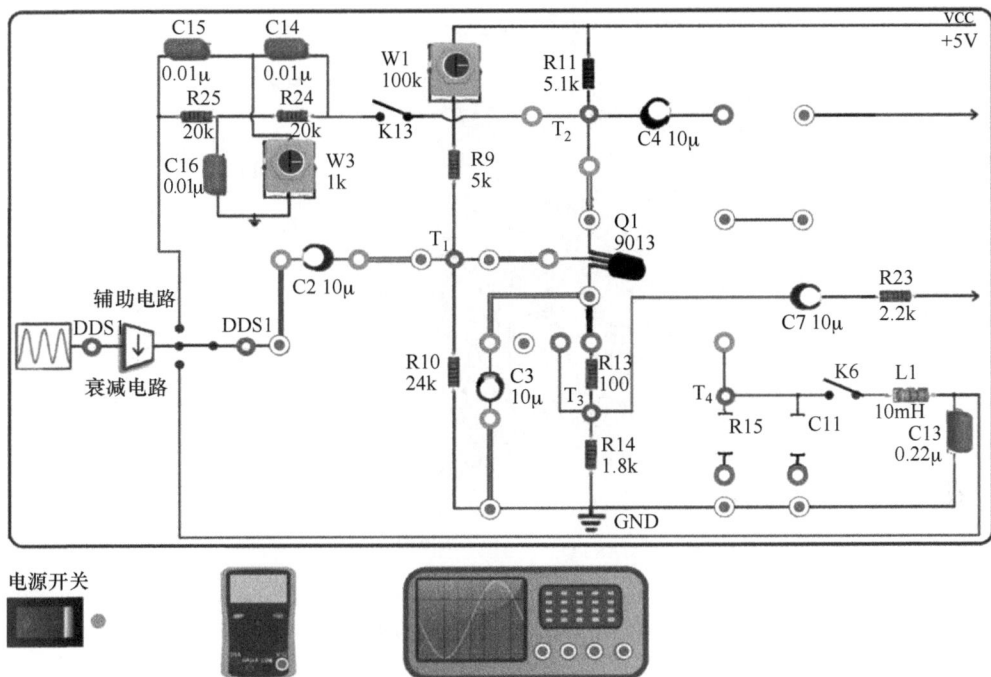

图 4-7 "互联网+模拟电路"实验平台线上操作界面（"静态工作点测试实验"）

另外，教师也可结合课程特点，自行开发便携式设备和教学资源[23]，根据教学目标设计不同实验项目，既能进行基础训练又能开展综合创新，以满足不同层次学生的实践需求。学生可将设备使用过程中产生的创新思路或设计灵感反馈给老师；老师不断更新和优化设备功能，有助于课程持续改进。例如，笔者所在教学团队针对"嵌入式系统设计"课程教学需要，以核心教学内容为基础自行设计便携设备，并编写配套教材。所开发的便携设备采用开源 Nano Pi 核心板，设计了具备各种常用外设的底板，采用嵌入式 Linux C 编程，完成各种外设硬件电路的驱动实验，将嵌入式系统原理、技术和设计方法的教学以及学生实践能力培养贯穿于便携设备中。图 4-8 为该教学团队自制实验板卡，该实验板配以便携式的波形分析器，可直接在任意一台 VGA 显示器上显示出相关的波形，极大地方便了"嵌入式系统"课程的教学。

4.5.2.3 制定了"口袋设备"借用制度

在实施过程，学院还专门就此开发了"口袋实验室"设备借用柜，并制定了相应的借用制度，学生可以自主借用实验板卡，其基本管理流程如图 4-9 所示。设备借用方法充分利用了互联网技术的优势，采用了"微信小程序"的形式，方便学生利用互联网随时借用相关实验设备。一方面提高了开放共享的程

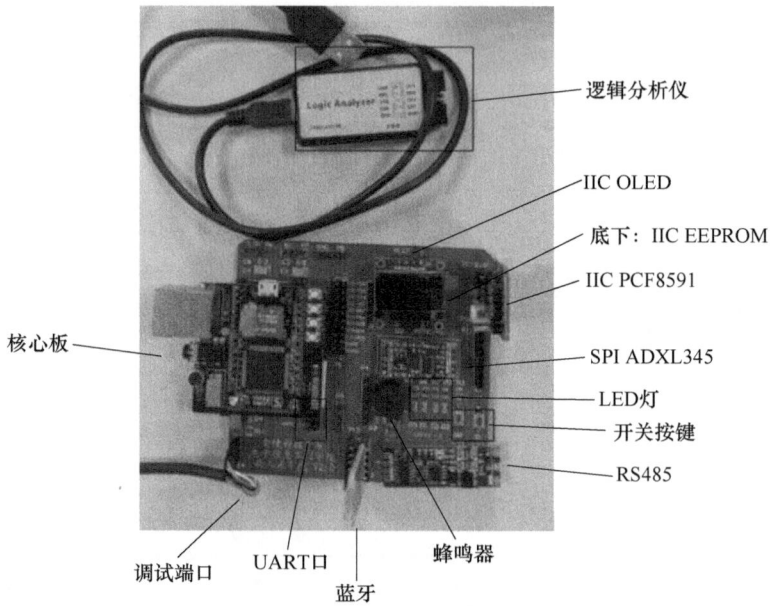

逻辑分析仪

IIC OLED

底下：IIC EEPROM

IIC PCF8591

SPI ADXL345

LED灯

开关按键

RS485

核心板

调试端口　　UART口　　蓝牙　　蜂鸣器

图 4-8　自制"口袋实验板"

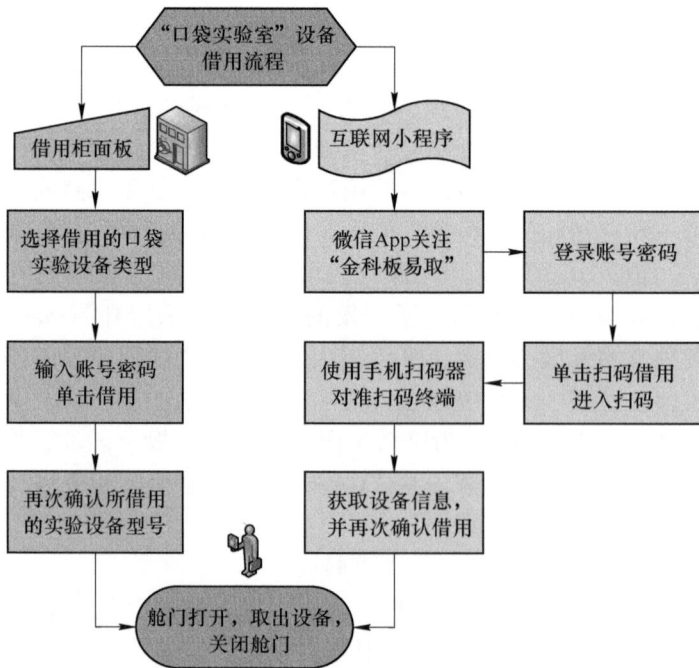

"口袋实验室"设备
借用流程

借用柜面板　　互联网小程序

选择借用的口袋
实验设备类型

微信App关注
"金科板易取"

登录账号密码

输入账号密码
单击借用

使用手机扫码器
对准扫码终端

单击扫码借用
进入扫码

再次确认所借用
的实验设备型号

获取设备信息，
并再次确认借用

舱门打开，取出设备，
关闭舱门

图 4-9　"口袋实验室"设备共享借用的管理流程

度；另一方面，这种学生喜闻乐见的借用形式，也在一定程度上提高了学生的实验兴趣，有助于实践教学效果的提高。

4.5.2.4 建立了多元化考核方式

借助"口袋实验室"设备，实施多元化考核，通过对学习过程和学习效果全面跟踪，实现课程目标达成度的综合评价。改革课堂提问、书面作业和考试等传统考核方式，以课堂、课后以及学期结束等阶段学生在"口袋实验室"设备上开展实践项目的完成度、复杂度和创新度等指标，以及学生作为项目组成员在项目实施过程中的参与度和贡献度等多个维度进行全过程、多元化考核与评价。借助多元化考核方式，提升教学效果评价的全面性和准确性，并可根据项目实施效果进行理论学习内容和实践项目的个性化推荐，以及教学方法的持续改进，从而实现因材施教和学生个性化培养。

电子信息类专业利用"口袋实验室"设备开展课程教学模式改革具有重要的现实意义。课题组近3年的实践结果表明，基于"口袋实验室"的教学探索，形成了深受学生欢迎的教学方式，积累了丰富教学资源，促成了一系列教改项目的立项；学生实践和创新能力明显提升，各类学科竞赛成果丰硕；教师教学能力和水平明显增强，参加各类教学竞赛成绩显著。下一步，将融合"互联网+教育"理念与基于"口袋实验室"教学模式的优势，进一步探索课程建设新方法，开发特色教学案例和教学资源，不断提升学生实践和创新能力。

4.6 小结

本章在对"口袋实验室"和"互联网+"教学的现状分析的基础上，针对工程类专业实践性环节教学中存在的问题，重点从实践教学环节的角度，对"互联网+口袋实验室"的混合式教学模式的构建要点和教学活动设计等问题进行了研究。首先，给出了"互联网+口袋实验室"教学模式的实施流程，提出利用互联网教学平台的技术优势，在课前、课中和课后实现高效互动，强调了这种互动的良好机制对保障实践教学效果的重要性。进而针对该教学模式的教学资源建设，提出教材内容满足"理实一体化"的教学需要以及充分利用互联网优势融入思政元素。同时，对该教学模式在提升教学效果方面的价值进行了说明。在分析教学活动设计时，从实验任务发布、团队建设以及赛学结合和专业教育方面给出了建议。最后，以电子信息工程专业课程教学为例，对该教学模式的实际应用进行了案例分析。

虽然在"互联网+口袋实验室"的混合式教学模式中，由于技术以及成本等方面的原因，仍有很多课程的"口袋实验室"设备还未得到充分开发，而能够借助互联网平台远程进行硬件实验的课程总量，目前也还有极大的提高空间，但

"互联网+口袋实验室"的混合式教学模式,无论是对于线下的课堂教学,还是线上的远程实验,都能够深入体现理论实践一体化的教学理念,能够有效提高混合教学模式中线上和线下实践环节对保证实验效果、提升创新能力等教学目标的达成度。未来,随着信息技术水平的持续发展,将有更多的工科类专业课程,有条件在实践性环节中实施混合式教学模式。以"互联网+"为背景,结合"口袋实验室"的混合式教学模式的教学改革将日趋完善,为新工科人才的培养发挥更大的作用。

参 考 文 献

[1] 中华人民共和国教育部.《关于深化本科教育教学改革全面提高人才培养质量的意见》（教高〔2019〕6号）[DB/OL].[2019-10-8].

[2] 姜志鹏，陈正宇，史金芬，等.应用型工科院校"口袋实验室"培养模式探索——以电子信息工程专业为例[J].统计与管理，2015（10）：173-174.

[3] 姜志鹏，陈正宇，阎浩.基于"口袋实验室"的实践教学模式实施方法[J].物联网技术，2015，5（9）：98-99.

[4] 刘玮，孟桥，张添翼，等.口袋虚拟实验室的设计[J].电气电子教学学报，2016，38（6）：105-109，115.

[5] 侯长波，王晓迪，胡乃志，等.全开放口袋实验室共享平台建设与实践[J].实验室研究与探索，2016，35（12）：277-280.

[6] 黄用勤，陈珺，王书纯，等.电工电子实验教学示范中心持续性建设的探索[J].实验技术与管理，2016，33（2）：127-129.

[7] 滕召胜，唐求，温和，等.单片机口袋实验室在实践教学中的应用[J].实验技术与管理，2017，34（10）：223-225，237.

[8] 郝彦爽，鲁亿方，韩守梅.非电类专业的电子技术实验教学改革[J].实验技术与管理，2018，35（1）：238-240.

[9] 吴苏，马知远，周达华.基于口袋实验室的数字电路课程教学模式改革与实践[J].大学教育，2020（9）：102-104.

[10] 张涛，黄大刚，包秀娟，等.Analog Discovery 2在模拟电子技术实验案例中的应用[J].实验技术与管理，2020，37（7）：176-179.

[11] 李曼丽.MOOCs的特征及其教学设计原理探析[J].清华大学教育研究，2013，34（4）：13-21.

[12] 陈丽."互联网+教育"的创新本质与变革趋势[J].远程教育杂志，2016，34（4）：3-8.

[13] 傅宇凡.上海：中国在线教育"探路者"[J].中国教育网络，2013（4）：26-28.

[14] 管会生，高青松，张明洁.MOOC浪潮下的高校课程联盟[J].高等理科教育，2014（1）：44-52.

[15] 国务院.关于积极推进"互联网+"行动的指导意见.[DB/OL].[2015-07-04].

[16] 刘延东.以教育信息化全面推动教育现代化.[DB/OL].[2015-11-20].

[17] 尚俊杰，张优良."互联网+"与高校课程教学变革[J].高等教育研究，2018，39（5）：82-88.

[18] 蒋维西，杜萍."互联网+课程"理念的内涵、价值与路径[J].教学与管理，2016（31）：1-4.

[19] 白朝阳，贺琳，宋林杰.[J].实验室研究与探索，2018（1）：218-222.

[20] 刘国买，于再君.地方高校"互联网+"课程建设路径与实践研究[J].中国大学教学，2019（4）：54-57.

[21] 陈正宇，姜志鹏，胡国兵.基于口袋实验室的电子信息类专业课程教学[J].计算机教育，2022（10）：179-182.

[22] 王蓉，王欢，冯军，等．基于PocketLab口袋实验室的"电子线路"实验改革 [J]．电气电子教学学报，2018，40（5）：115-117．

[23] 张凡，黄浩，朱铁柱．基于FPGA的口袋实验装置示波器设计 [J]．电子设计工程，2021，29（13）：174-179．

5 混合教学模式实施中的教学测量与评价

5.1 引言

混合教学模式的实施过程，对教学过程及其要素的各种显性与隐性的数据进行收集与分析，是实现精准学情分析、科学评价学习效果的基础性环节。显性数据可以通过观测、收集直接获取，如学生的成绩、学生的来源等。隐性的数据则需要借助调查得到，如学生的学习风格、学习投入度等。无论是显性还是隐性数据，通过适当的分析可以为混合教学模式的实施提供参考与数据支持，增加课堂教学的智慧属性。

本章主要从三个方面对混合式教学中典型数据的采集、分析与应用进行介绍，主要如下。第一，学生学习偏好调查。学习风格是学生学习的某种偏好，是学情分析中重要内容[1]。在智慧课堂中，获取该信息是了解学生知识建构的最佳方式，为教学策略的制定提供依据，也可为智能学习系统推荐个性化教学资源提供依据。本章将重点介绍 VARK 学习风格模型及其调查与数据分析方法。第二，课堂教学效果的评价。从个性化动态评价的角度，介绍 LICC 课堂观察量表的设计方法及其在实践性环节教学中的应用案例。该量表可对具体学习者个体的学习效果进行微观测评，也可以用于教学效果的间接评价。第三，毕业设计实施效果的动态评价。某种意义上说，毕业设计是一门特殊的实践性课程，从教学方式、教学内容、教学资源与教学评价等要素看，均体现出混合式教学的某些特征。但其教学实施方式与一般课程存在很大差别。为此，本章将提出一种基于 CIPP 的应用型本科毕业设计动态评价模型，并设计了具体的评价指标体系及评价活动方案。该模型为实现毕业设计的全程性动态评价，提供了必要的理论支持与案例参考。

5.2 基于 VARK 模型的学习风格调查与应用

本节首先介绍 VARK 学习风格模型及其特点，进而借助 VARK 量表，分别以高职院校学生、应用型本科院校学生为对象，对其学习风格进行了调查、分析，在此基础上总结了其在应用型高校课程教学中的应用价值。

5.2.1 学习风格与 VARK 模型

学习风格通常指是学习者个体在学习过程中表现出来的偏好和倾向性，体现为一种个体化的、固定而稳定的认知方式，对学习者对学习材料的接受方式和理解方式，以及学习的效果产生影响[2,3]。现有学习风格理论的流派众多，据文献调查共有 71 种[4]，但其共同观点是：人们以不同的方式学习，教师可通过调整教学策略来适应不同学习者的学习风格，以达到优化学习效果的目标。具有代表性的学习风格有 Felder-Silverman 模型、Dunn 模型、Kolb 模型以及 VARK 模型等，其分类方式见表 5-1。其中，由英国学者 Fleming 设计开发的 VARK 模型[5]，其量表相对简单，应用较为广泛。VARK 模型能充分从感官方面衡量个体接收信息的方式，根据四种不同的感知维度，即视觉（V）、听觉（A）、读写（K）和动手实践（K），将个体的学习风格分为单一和多重学习风格，单一风格包括单倾向一般、单倾向强和单倾向非常强；多重风格还可细分为双重、三重和四重风格。不同的学习风格的学习者对应不同的学习偏好，视觉型的学习者易于从图表、图形、视频中学习到知识，听觉维度的学习者喜欢通过倾听和讨论的方式来获取信息，读写型学习者擅长接受和理解字面的解释和文字，而动手实践型学习者更倾向于从模拟、实际操作中汲取信息。

表 5-1 常用学习风格量表及其分类方式

序号	量表名称	分类方式
1	Kolb 学习风格模型[6]	将学习者分为感性观察者、抽象思考者、实践者和理论家四种类型
2	Honey 和 Mumford 学习风格模型[7]	将学习者划分为活跃冒险家、反思派、理论家和实践家四种类型
3	Felder-Silverman 学习风格模型[8]	将学习者分为积极实践者、反思实践者、观察反思者和观察积极者四种类型
4	VARK 学习风格模型[5]	将学习者分为视觉（Visual）、听觉（Aural）、读写（Read/Write）和动手实践（Kinesthetic）四种类型
5	Dunn 学习风格模型[4]	将学习者分为视觉学习者、听觉学习者、运动学习者、语言学习者和逻辑数学学习者五种类型

在实际调查中，VARK 量表又分为青年版与成人版两类，分别适用于不同年龄阶段的受测群体，其问卷题目的内容一般与日常生活有关。VARK 7.0 版本学习风格量表中共由 16 道选择题构成，其题干大多为生活日常事务，每小题均有 4 个选项，分别对应于不同类型的学习风格针对同一问题回答时的心理活动、方案选择等。被测试者在答题时，可以多选，也可以单选，最后根据选择的结果，通过特定的计算程序，得到 V、A、R、K 四种类型的分值及相应的学习风格类型判断。

VARK 在高等教育领域的应用主要体现在其对个性化教学策略、教学资源推送的支撑性。鲍安平等[3] 对某高职院校电子类专业近千名学生的学习风格进行了调查，并根据调查结果提出了对学生学习方法引导的建议。张华亮等[9] 对成人高校管理专业学生的 VARK 学习风格进行了调查，分析了其成因，并据此对案例教学中个性化教学设计思路与策略进行了研究。姜强等[10] 研究表明：学生学习风格与不同教学资源媒体呈现形式偏好之间具有一定的相关性，并据此提出一种基于 VARK 学习风格模型的多媒体资源适应性推送模型，为学生的个性化学习设计提供了新思路。同时，也有学者对学习风格的局限性进行了分析，可参阅文献［4，11］。

5.2.2 应用案例分析 1——高职院校学生的学习风格调查

5.2.2.1 调查对象与实验设计

本研究以某高职院校电子信息学院某级在校生共 430 人作为实验对象，这些学生分属于单独招生、单独中职、对口单招、普通招生、普通招生"3+2"五种不同的入学模式。五种不同入学模式的基本特点见表 5-2。

表 5-2　高职院校多元化入学模式的特点

序号	入学模式	考生来源	考试要求及培养模式
1	单独中职	中等职业学校毕业生	院校自定，包括文化基础与专业技能考核；全程在高职校完成学业
2	对口单招	技校、中专、职高	省内统考，包括文化基础与专业技能考核；全程在高职校完成学业
3	单独招生	高中毕业生	院校自定，包括文化基础与专业技能考核；全程在高职校完成学业
4	普通招生	高中毕业生	省内/全国统考，无专业技能考核；全程在高职校完成学业
5	普通招生"3+2"	高中毕业生	省内/全国统考，无专业技能考核；培养模式：高职阶段（前 3 年），本科阶段（后 2 年）

根据被测试者 V、A、R、K 的四个分值，可以将学习风格粗分为多重学习风格与单一学习风格。对于多重学习风格，又可细分为双重风格、三重风格、四重风格等，且每一类多重风格又有不同的组合形式；对于单一学习风格，还可以进一步判断其单一学习风格的强弱，确定其具体的类型。

5.2.2.2 调查结果分析

对不同入学模式学生的学习风格分布情况进行了统计，其结果如图 5-1 所示，其中，单独招生、单独中职和对口单招这三类入学模式使用多重风格的比例较大，而普通招生和普通招生"3+2"两种入学模式学生的单一风格类型占比较大。同时，还给出了五种入学模式具体的多重风格类型对应的人数对比。由表 5-3 可见，11 种不同的多重风格中，单独招生、单独中职和对口单招涉及的多重风格种类分别为 9、6、10，而普通招生和普通招生"3+2"都只涉及了 4 种多重风格类型。如单独招生入学模式中，涉及 9 种学习风格，其具体类型为 VR、VK、AR、AK、RK、ARK、VRK、VAK、VARK；而普通招生入学模式中，只显现出 AR、VRK、VAK 和 VARK 这 4 种风格。相比较而言，单独招生、单独中职和对口单招三类入学模式所涉及的多重风格结合类型更为多样化。

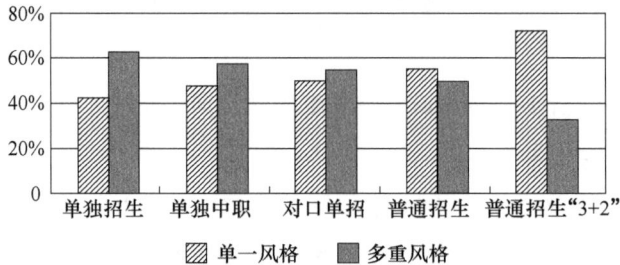

图 5-1　不同入学模式学生的学习风格分布情况

表 5-3　五种入学模式具体的多重风格类型列联表

入学模式	VA	VR	VK	AR	AK	RK	ARK	VRK	VAK	VAR	VARK	总数
单独招生	0	7	7	3	7	7	2	4	2	0	43	82
单独中职	0	0	2	0	5	0	1	1	2	0	11	22
对口单招	0	1	7	3	13	4	3	1	11	1	39	83
普通招生	0	0	0	1	0	0	0	2	3	0	19	25
普通招生"3+2"	0	0	2	0	1	2	0	0	0	0	8	13

　　为进一步验证不同入学模式学生的学习风格是否存在差异，使用 SPSS19.0 软件，以入学模式为自变量，以学习风格为因变量，基于不同倾向重数以及学习风格强弱分别进行了卡方检验。表 5-4 给出了不同入学模式的学生对应于不同风格倾向重数的人数和百分比。按照同一学习风格在不同入学模式方面所占的比例顺序递减，对于四重风格，普通招生、单独招生、单独中职、对口单招和普通招生"3+2"分别占 35.8%、31.6%、27.5%、24.7% 和 18.6%；对于三重风格，对口单招、单独中职、普通招生、单独招生和普通招生"3+2"分别占 10.1%、10.0%、9.4%、5.9% 和 0；对于双重风格，单独招生、对口单招、单独中职、普通招生"3+2"和普通招生各占 22.8%、17.7%、17.5%、11.6% 和 1.9%；对于单一风格，普通招生"3+2"、普通招生、对口单招、单独中职和单独招生分别占 69.8%、52.8%、47.5%、45.0% 和 39.7%。

　　综合而言，单独中职和对口单招入学学生的学习风格的类型分布相似，主风格为多重风格类型中以四重风格为主；单独招生入学学生的学习风格类型分布与前述两种类型学生略有差异，主要体现在多重风格中各具体的风格类型所占比例的差异；普通招生和普通招生"3+2"入学学生中，以单一学习风格者居多，多重学习风格中仍以四重学习风格为主。以上的统计结果是符合常理的，原因在于：单独中职和对口单招的生源均来自中职生，而单独招生、普通招生、普通招生"3+2"的生源均来自普通高中生，学习环境、学习内容及方式在某种程度上影响了其学习风格的形成。

表 5-4 不同学习风格倾向重数列联表（卡方检验）

入学模式	四重风格	三重风格	双重风格	单一风格	总数
单独招生	31.6%（43）	5.9%（8）	22.8%（31）	39.7%（54）	136
单独中职	27.5%（11）	10.0%（4）	17.5%（7）	45.0%（18）	40
对口单招	24.7%（39）	10.1%（16）	17.7%（28）	47.5%（75）	158
普通招生	35.8%（19）	9.4%（5）	1.9%（1）	52.8%（28）	53
普通招生"3+2"	18.6%（8）	0（0）	11.6%（5）	69.8%（30）	43

表 5-5 给出了不同入学模式学生的学习风格强弱分布情况。其中，单独招生学生在单一倾向的强弱程度上依次表现为：一般（21.3%）、强（12.5%）、非常强（5.9%）；单独中职为强（22.5%）、一般（20.0%）、非常强（2.5%）；对口单招为一般（30.4%）、非常强（8.9%）、强（8.2%）。普通招生入学学生在单一倾向的强弱程度上依次表现为：一般（35.8%）、强（9.4%）和非常强（7.5%）；普通招生"3+2"为一般（41.9%）、强（18.6%）和非常强（9.3%）。综合来看，单独招生、普通招生和普通招生"3+2"的入学学生在单一倾向的强弱程度上相似，而对口单招的分布与上述几类略有差异。

表 5-5 学习风格强弱列联表（卡方检验）

入学模式	多重倾向	单倾向一般	单倾向强	单倾向非常强	总数
单独招生	60.3%（82）	21.3%（29）	12.5%（17）	5.9%（8）	136
单独中职	55.0%（22）	20.0%（8）	22.5%（9）	2.5%（1）	40
对口单招	52.5%（83）	30.4%（48）	8.2%（13）	8.9%（14）	158
普通招生	47.2%（25）	35.8%（19）	9.4%（5）	7.5%（4）	53
普通招生"3+2"	30.2%（13）	41.9%（18）	18.6%（8）	9.3%（4）	43

基于以上的分析结果，将五种入学模式分为两组：一组为中职生；另一组为普通高中生，利用卡方检验考察不同入学模式学生的学习风格差异。总体来看，五种入学模式学生在不同倾向重数和学习风格强弱上都存在显著性差异（$P=0.009$ 和 $P=0.026$）；两组间进行比较结果表明，在不同倾向重数方面，对

口单招和普通招生入学学生存在显著性差异（$P=0.026$），对口单招和普通招生"3+2"入学学生也存在显著性差异（$P=0.031$）；而在学习风格强弱方面，单独中职和普通招生"3+2"入学学生存在显著性差异（$P=0.048$），对口单招和普通招生"3+2"入学学生也存在显著性差异（$P=0.039$）；进一步将组内进行比较，单独中职和对口单招入学学生在学习风格强弱方面差异显著（$P=0.032$），单独招生和普通招生"3+2"入学学生在不同倾向重数和学习风格强弱上都有显著差异（$P=0.005$ 和 $P=0.007$），单独招生和普通招生入学学生在不同倾向重数有显著差异（$P=0.007$），普通招生和普通招生"3+2"在不同倾向重数也存在显著差异（$P=0.01$）。

5.2.3 应用案例分析2——应用型本科学生的学习风格调查

调查对象为某应用型本科软件工程专业卓越工程师班 2016（39 人）、2017（27 人）两级共计 66 名学生。调查量表、实验工具及数据处理方式与前节类似。图 5-2 所示为两个年级总体、2016 级及 2017 级学生总体的学习风格类型统计直方图。

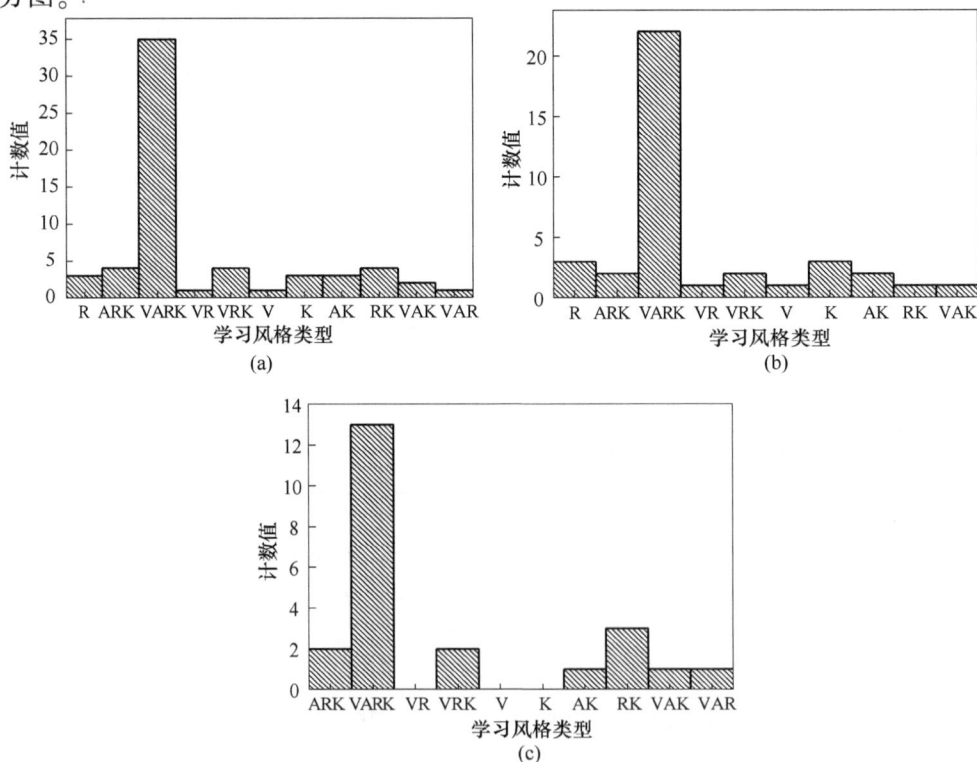

图 5-2 研究对象的学习风格总体分布直方图及对比情况

（a）总体；（b）2016 级总体；（c）2017 级总体

可见：

（1）卓越工程师班学生学习风格中 VARK 四重风格类型的占据大多数，说明该群体学生的学习适应性较强，有利于创新人才的培养；

（2）2016 级学生的学习风格类型相比于 2017 级更加广泛、多样，2017 级学生中 VR、V、K 型风格缺失。可能的原因在于：2017 级学生总体人数较少，且 2016 级学生是在全校各工科专业中选优产生，2017 级学生在选拔时录取的要求与标准有一些调整，参与的选拔群体范围也有所缩小。

图 5-3 所示分别为对两个年级总体、2016 级总体、2017 级总体，按学生性别属性统计得到的学习风格类型分布直方图。

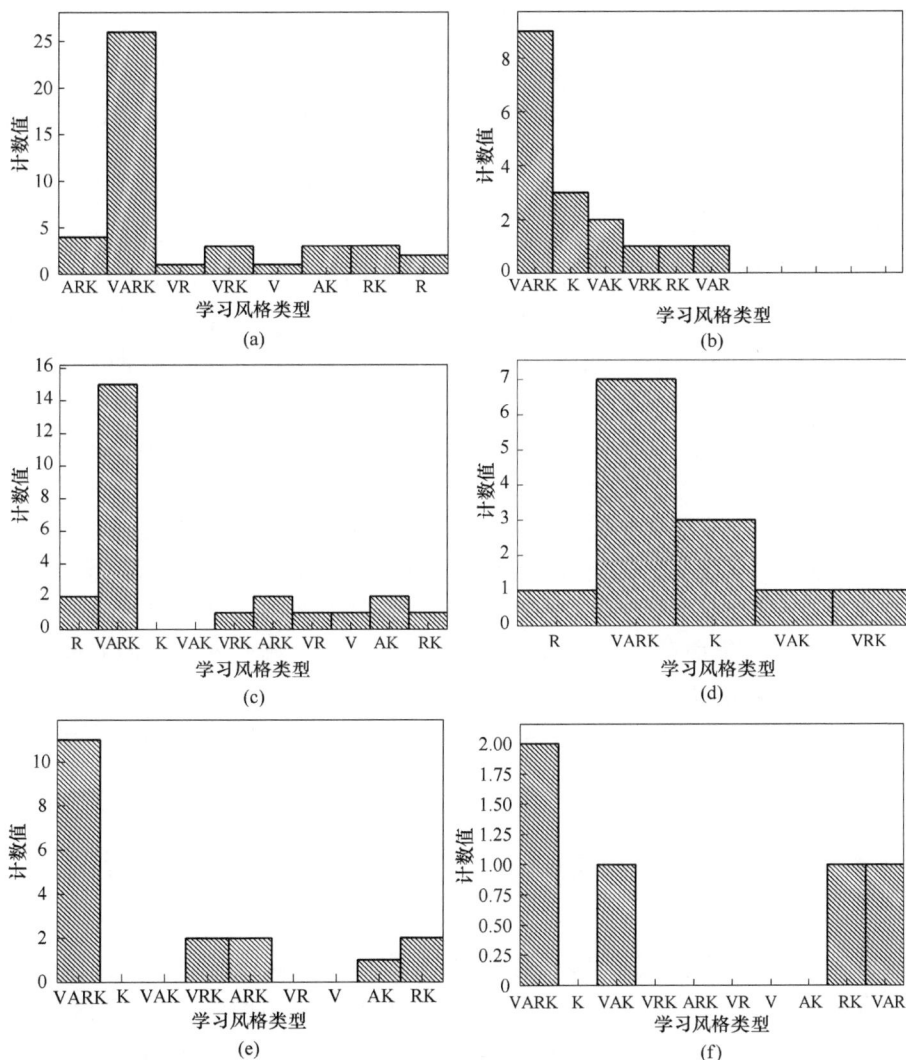

图 5-3 不同性别研究对象的学习风格总体分布直方图及对比情况

（a）总体男生；（b）总体女生；（c）2016 级男生；（d）2016 级女生；（e）2017 级男生；（f）2017 级女生

可见：

（1）三类学生总体中，无论男生与女生的学习风格类型，其中 VARK 四重风格均占据多数。

（2）男生与女生的学习风格存在一定差异。就两个年级男生总体而言，其学习风格除 VARK 四重风格特别明显之外，其他风格的分布较为平均；而两个年级的女生总体中，除了 VARK 四重风格类型外，单一 K 风格较明显。

（3）2016 级与 2017 级男生之间的学习风格也存在一定差异。此外，由图 5-2 及图 5-3 可知，不同年级之间的学生学习风格也存在差异。

5.2.4　VARK 学习风格的应用价值分析

上述对高职及应用型本科院校不同群体学生学习风格的调查案例及数据分析，对于智慧课堂背景下应用型高校的混合式教学模式改革与实践，至少具有以下应用价值。

（1）可增加教学与学习策略的适配性。学习风格体现了学生学习偏好的隐性特征，了解了学生的学习偏好，在教学设计中可针对不同学习风格学生实施不同的教学策略，并提供不同的学习建议与指导。例如，在实践性课程中，教师与学生个体交流的概率增大，在获知学生学习风格信息后，可在辅导时尽可能选择合适的方式对学生进行指导。对学生而言，学习风格信息可让其对学习偏好获得自我认知，为选择适合自身的学习方法、学习资源提供必要的参考，有助于提高学生的学习效率与效果。此外，在条件允许的情况下，也可以尝试根据学生学习风格，提供不同的教学资源呈现方式。

（2）为分组教学实施中分组标准的选择提供参考。例如，在应用型高校，特别是高职院校中广泛采用翻转课堂等参与式教学活动中，通常需要提前将学生进行分组，以便于教学的组织。此时，可将不同学习风格的学生进行组合，某种意义上可以使得小组成员之间在学习方式上达到某种平衡状态，从而有助于不同风格学生之间学习的协同。

从某种意义上说，学习风格信息有助于教师与学生之间的深层次交互，也是智慧课堂中智慧性的体现。

5.3　基于 LICC 范式的课程观察量表研制与应用

本节首先对 LICC 量表及其内涵进行简要介绍，进而结合应用型高校传统听评课中存在的问题，对该类院校听评课中观察活动的整体设计及量表研制过程进行了详细阐述，最后以电子信息类专业实践课程的教学评价为对象，设计了基于 LICC 的评价量表，并进行了实证研究。

5.3.1 LICC 量表简介

听评课是一种对课堂进行仔细观察并进行评价的教学研究活动，在任何层次和类型的教育中，都是推进教师教学水平提高、提升课堂教学质量的重要方式。"课堂观察"作为听评课活动的特殊形式，源于西方科学主义思潮，发展于 20 世纪五六十年代，是一种专业化的听评课模式，同时它也是一种教育科学研究方法[12]。因理论较为成熟、实操性比较强，常被听评课活动主体选择使用。

课堂观察与传统听评课的主要区别是：观察者从听课个体走向观察合作体；观察内容从描述课堂表象到分析关键缘由；观察工具从公共听课量表到自主选择、开发观察工具；观察结果从监督评级到共同发展[13]。课堂观察能够促使听评课教师在专业的理念引领下，使用专业的观察工具（如观察量表），更加专业地开展听评课活动。

目前国内较有代表性课堂观察模式是华东师范大学崔允漷教授等专业教育研究者开发的 LICC 范式[14]，其基本框架如图 5-4 所示[12]。LICC 是指学生学习（Learning）、教师教学（Instruction）、课堂性质（Curriculum）和课堂文化（Culture）四个维度，每个维度又分为 20 个视角[15]，其目的在于解决传统听课评课过程中存在的三无问题（"无合作""无证据""无研究"）[9]，为课堂教学提供了一个定性和定量相结合的全新课堂评价视角，从而有效提高课堂教学质量和教师教学水平。在基础教育层面，该范式对课堂观察活动进行了整体设计，从理念廓清、模型建立、工具研发到观察案例，都已经历自上而下深入普通教师教研和课堂实践的过程，甚至能够做到"一课一研"。该范式还经过了 10 余年教育研究者对其信度和效度的讨论质疑，因此已经相当成熟。

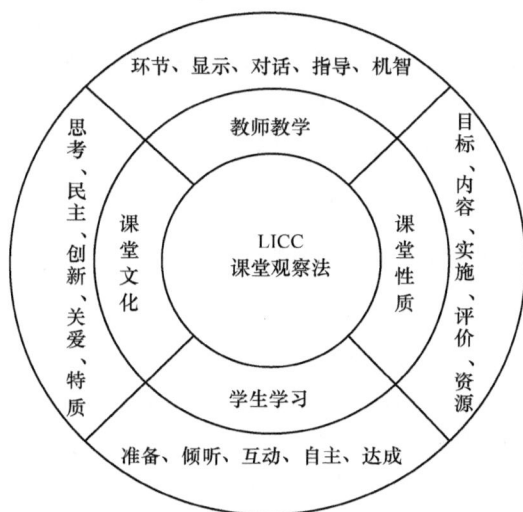

图 5-4 LICC 课堂观察法的基本框架[12]

　　LICC 课堂观察法应用的关键环节在于观察量表的制作，需要任课教师和听课教师进行课前会议，商定观察目标和观察点，课中对照观察点进行记录，课后根据记录结果进行分析研究，提出针对性的改进措施。现有研究中大都侧重于基于 LICC 的听评课量表及实践研究[14,16-19] 及对学生学习状态的考察与评估等方面[20]。

5.3.2　传统听评课中存在的问题

　　反观高职及应用型本科等应用型高校的听评课活动，还处在缺乏整体设计和去专业化的状态下，存在的问题可归为三点。

　　（1）有任务，无合作。即听评课双方都只把该活动当作一种必须完成的任务，过程中听课教师之间没有合作，听课和授课教师之间也没有合作，使本可以互相促进、互相激发的教研活动变成单向评价活动。

　　（2）有结论，无证据。听评课后一般都会提出一些结论，包括教学中可资借鉴之处和优化建议。但这些结论往往出自听评课人的主观感受，较少提供形成结论所因循的证据；由于缺乏专业化的听评课工具，如观察量表，即使提出证据，也难以做到全面、科学、高效，并让双方和第三方都信服。

　　（3）有实践，没研究。即有听评课实践，但并未将听评课作为一种教学研究活动进行整体设计，对于活动中工具的使用、教学现象的记录、评课数据的分析、教学理念和方法的提炼总结，都没有制度性的研究环节和有效的研究模式。

　　应用型高校的听评课活动的去专业化问题，可以借鉴基础教育的课堂观察 LICC 范式来解决。细究 4 个维度、20 个视角、68 个观察点的观察框架，对于应用型高校课堂同样适用。当然，由于基础教育学校和应用型高校的区别，这种借鉴不可能照搬来直接应用，还需应用型高校研究人员和教师在理解 LICC 范式的基础上，结合应用型高校的实际情况，对观察框架作局部调整。这种调整的最大难点是观察量表的研制，其核心是建立按应用型高校课堂教学问题分类的"听评课观察点库"。要保证量表研制的科学性：一是对于观察活动的实施，需要结合课程、课堂和师资培训作整体设计；二是需要设计合理可行的量表研制路径。

5.3.3　观察活动的整体设计与量表研制

5.3.3.1　观察活动的整体设计

　　由于应用型高校的人才培养目标、规格和教学运行情况与基础教育不同，要坚持在 LICC 框架下完成 4 个维度观察和 3 个阶段活动，研制出科学可行的观察量表，就需要对课堂观察活动另作整体设计。具体过程如下。

　　（1）确立"听评课是专业化教研活动"的理念。从听评课制度和活动组织上营造平等的学术氛围，将听评课定位为专业化的教研活动，而非用于评价和督导的手段。

1）培训听评课教师环节。对听评课教师一方从培训时就明确"双方平等"的原则，从称呼上将听评课教师称为"听课人"，而非"听课专家"；培训中时刻提醒听评课的专业化要求，提倡双方共同研究、共同成长、多人同行，多人受益，而非听课人对授课人单向评价。

2）选聘听评课教师环节。听评课教师一般选聘两人及以上，形成迷你研究组。选聘时，不看职称、职务，只看其对要听的课程是否熟悉、对课程建设或教学重点环节改革是否有经验、对课程建设的特色和教学亮点是否有兴趣。可以选聘曾被听课的授课教师，作为有经验的种子教师搭配新的听课教师；也可以对调听评课双方身份互相听课。也可以选聘有见解独特、经验丰富的中级职称教师作为听课人，去听副高职称教师的课。

3）在课前会议之前听课人要完成预研工作。搜集整理课程相关文件交付听课人先行独立研究，文件包括但不限于课程标准、授课计划、课程建设方案和当次课教学设计（或教案）等所有与课堂教学相关的资料，如有混合教学环节，还应提供线上平台登录便利。要求听课人各自拟定想观察的教学问题和观察点。这相当于是要求听课人提前做好学习研究工作，预设自身"共同研究"的平等身份。

4）课前会议双方共同研究观察点。在课前会议上听评课双方就教学问题和观察点作深入交流，讨论观察点的适切性，只有双方都认可的观察点才会在听课中使用。双方未达成一致的观察点则弃用，请听课人重新拟定，双方重新讨论。

5）课上观察环节的设计。要求听课人不要坐在教室最后一排，要根据课堂实际情况和便于完成观察点记录的原则，选择座位。比如，小组教学的课堂，插空进入各小组坐；实验实训类课程，靠近操作空间坐等。以便近距离观察学生学习状态，提倡在不影响授课教师教学的时机到处走动查看倾听。如有调查问卷，应交由授课教师在听课班上择机发布，尊重教师的教学节奏，不给学生以"在调查老师"的印象。听课人通过观察确定几个典型学生，如回答问题的获得同学掌声的、作为组长的、一直没有跟上教学节拍的、和老师互动积极的等，加上性别、座位方位等因素，下课后围绕观察点分头访谈，访谈内容记录在该文件里。

6）课后反馈不仅要提供结论更要提供证据。课后 2 名听课人整理听课记录，和授课教师一起探讨，通过课堂观察得到证据，共同得出观察结论，而不是由听课人独立得出结论。结论的重点是围绕观察点提炼教学特色和改进建议。以上资料最后由组织方保存，不加入任何评价和督导的材料中，但作为后期 LICC 范式推广的基础材料和《课堂观察量表》研制的素材。

（2）增加第三方参与。基础教育课程科目少，同一门课会有很多老师在上，因此完成课堂观察 LICC 范式所要求的活动，只要找上同一门课的老师，不仅能够在教学方法等通用环节进行课堂观察，更是非常熟悉课程内容，不存在专业壁垒。加之 LICC 范式在基础教育中已经普及十余年，听评课教师双方对此理念和实际操作都较为熟悉，因此，基础教育完成该活动只需要听评课教师双方即可。

应用型高校的课程科目非常多，往往一学期能开出上千门课程，1 个院校里，1 门专业课可能只有很少的几个老师在上，甚至只有 1 个老师在上。专业课具有明显的专业壁垒，且课程内容需紧跟行业和技术更新，因此很难保证听课教师在听课时对课程专业内容足够熟悉。加之 LICC 范式对应用型高校教师而言比较陌生，短期培训效果一般，单纯靠听评课双方自己去完成该活动，不能确保活动在 LICC 框架下完成。

因此需要设置相关教育研究人员作为第三方，承担组织、观察和研究的职能。在三阶段活动中，只负责推动双方按照听评课实施方案完成活动，不对课程和授课教师作任何评价；除非有程序错误，否则不对听评课教师的活动、记录、结论施加任何影响。在每一次听评课完成后，确保听课资料收集整齐。

（3）应设计组织工作反馈环节。LICC 范式在应用型高校课堂观察中实施，是新生事物，没有既有路径可循。因此，需要设计听评课组织工作的反馈调研问卷，调查双方对该项工作的感受和建议，及时调整组织工作，确保优化听评课方案的依据来源可信。问卷形式建议为匿名答卷，使用 5 点记分法，分别针对授课教师和听评课教师，从两个角度调研组织工作的科学性和满意度。课题组设计的问卷于 2017 年 3 月即第一轮听课之后的一个学期初，发放在"麦可思"教学质量调查平台上，该学期末回收。共有 38 名授课教师（即全部被听过课的授课教师）和 25 名听评课教师（占参与听课教师总数的 1/3）提交了答卷，其中有 9 位教师因既做过听课人也做过被听课的授课教师，两种问卷均作了填写。根据统计数据，在听评课过程中，双方均认可自己获得了教学水平提高等益处，该项评分高达 4.7（授课教师）和 4.8（听课人）；确信对方也获得成长的，评分为 4.3（授课教师）和 4.5（听课人）。

5.3.3.2 观察量表的研制路径

通过整体设计确保课堂观察活动在 LICC 范式框架下进行，是科学研制课堂观察量表的必要条件。在课堂观察量表的研制活动开展中，还需要大量教学研究者或经过 LICC 范式培训的专任教师参与，从而保证量表向上对接 LICC 范式的观察框架，向下保证观察点选取的科学性和可操作性。

在实践中，应用型高校的专职研究者虽然能对 LICC 范式有较为深入的理解，但其专业背景局限了他们对专业课程的理解，且毕竟人数有限，无法深入各专业、各课程的课堂一线；专任教师因长期在教学一线，对教学中存在的问题较为清楚，选取观察点也会较为实际，但系统培训教师深入理解 LICC 范式并进行观察量表研发，短时间内难以实现预期效果。因此，如果单纯由听评课教师开发观察量表，较易偏离 LICC 范式的框架，对于观察点的设计不太能够顾及后期统计分析的问题；单纯由研究者开发观察量表，对教学中存在的问题总结容易过于笼统，观察点的选取容易出现不便于现场操作的问题。

因此课题组设计了如下由教学研究者和听评课教师分工合作，共同研制观察量表的路径。

（1）听评课阶段。

主体：听评课教师

Step1 由听评课教师研究课程相关资料，如课程标准/教学大纲、授课计划、课程建设项目实施方案、听课当次课教学设计（教案）、课程混合教学建设情况等，提出自己想关注的教学问题和观察点，并记录在《听评课大纲和记录》表单中；同时制作《学生课程学习情况调查表》，围绕观察点设计一系列问题，从学生学习的维度印证课堂观察结果。

Step2 听评课教师在听评课过程中，随身携带《听评课大纲和记录》，完全围绕"观察点"来进行记录和分析，不再泛泛而听、随意而评。最后围绕"观察点"帮助授课教师提炼教学亮点和特色，并提出教学改进的建议；听课后向现场学生发布《学生课程学习情况调查表》。

（2）建立"观察点库 1.0"。

主体：教学研究人员

Step3 教学研究人员负责汇总所有《听评课大纲和记录》和《学生课程学习情况调查表》，从中搜集、整理和提炼"观察点"，按教学问题分类，形成"听评课观察点库 1.0"。

Step4 "听评课观察点库"初步建立后，对比 LICC 范式提出的 68 个观察点，分析"听评课观察点库"溢出观察点和缺失观察点的合理性。对于合理的情况，维持库存；对于未尽合理的情况，调整观察点，查漏补缺，更新库存，形成"观察点库 2.0"。

（3）使用"观察点库 2.0"。

主体：教学研究人员和听评课教师

Step5 在听评课教师中，公开调整后的"观察点库 2.0"，作为其听评课选择观察点的依据，重点推进新补充的观察点在听评课中应用，验证其在高职课堂中的适切性。

（4）制作和推广观察量表。

主体：教学研究人员

Step6 着手制作观察量表，明确所观察的教学问题，细化观察点，并对观察量表作简化设计，以方便听评课教师的实际使用。观察量表可设计统一模板，方便制作量表；也可不预设统一的模板，根据所观察的教学问题和使用的便利性作设计。

Step7 在听评课工作中根据听评课教师准备观察的教学问题，提供相应观察量表，替代《听评课大纲和记录》，给予听评课教师专业的工具，完成专业的听评课活动。

5.3.3.3 典型观察量表举例

基础教育的研究者和教师基于 LICC 范式已经将课堂教学问题细化，并设计出多个有针对性的观察量表。对于其中部分量表，经分析，也可应用于应用型高校的课堂教学观察中，如《"多媒体课件课堂使用效果"观察量表》《"课前预习检测题的设计和结果处理"观察量表》[12]。

当然，基于前述基础教育与应用型高校存在的不同，应用型高校的课堂观察必然有需结合其课堂教学特殊性另行设计的观察量表。这种量表分两类，第1类基础教育也有，但要设计不同的量表，如《"教学环节与学习目标的达成效果"观察量表》《"小组合作学习情况"观察量表》《"任务单形式课堂教学对学生学习主动性影响"课堂观察量表》等。以《"任务单形式课堂教学对学生学习主动性影响"课堂观察量表》为例，观察量表的设计详见表 5-6 和表 5-7。

表 5-6　学生在任务单形式课堂中的行为态度表现分类观察量表

学生行为态度	引入阶段（Phase 1）	自主完成任务阶段（Phase 2）
行为态度 1（Behavior 1）	翻阅教材、参考书和任务单	翻阅教材、参考书和任务单
行为态度 2（Behavior 2）	关注老师的讲解	针对项目的相互讨论，任课教师与其的讨论及引导
行为态度 3（Behavior 3）	发呆、走神、玩手机、未关注老师	发呆、走神、玩手机、未参与小组讨论

表 5-7　学生在任务单形式课堂中的行为态度记录表

观察点 1：学生态度行为开始时间	任务单引入阶段（Phase 1）			自主完成任务阶段（Phase 2）		
	P1B1	P1B2	P1B3	P2B1	P2B2	P2B3
分（m）						
分（m）						
分（m）						
学生名字						
观察点 2：是否为组长	是	否				
观察点 3：学生学习能力分类（学优生、中等生、学差生）						

第2类是应用型高校课堂观察特有的量表，如《"集中实训课教师指导效果"观察量表》《"教学对后续课程的支撑度"观察量表》。以《"集中实训课教师指导效果"观察量表》为例，观察量表的设计详见表5-8。

表5-8 "集中实践性环节课程教师指导效果"观察量表

第　　次指导

指导类别：	
□预习问题分析解答	□当次课任务重难点详解
□复习问题分析解答	□其他（如对学习习惯、一般操作程序和安全规范的指导）

教师教学	学生学习
观察点：	观察点：
触发指导的行为：	听讲学生数：
（如任务进行到难点阶段、有学生举手、发现典型错误、教学预设应进行指导等）	辅助学习行为：
	任务完成质量：
指导内容：	未听讲学生数：
指导时长：	当时行为：
指导方式：（讲解、示范等）	任务完成质量：

5.3.4 应用案例分析——基于LICC范式的电子信息类专业实践性课程教学评价

5.3.4.1 电子信息类专业实践性课程教学评价中存在的问题

新一代信息技术已列为我国重点规划的七个战略性新兴产业之一，产业规模快速增长，可以预见行业企业对应用型本科专业人才的需求量大增。显然，行业企业对从业者的技术与职业能力要求也会进一步提高。而应用型本科电子信息类专业人才培养是以培养高素质应用型人才为目标，因此必须紧跟行业发展的方向，更加重视实践性课程的建设，加强实践类课程教学模式的改革力度，以进一步提高学生的综合实践能力[21]。

众所周知，在当今移动互联网技术蓬勃发展的背景下，基于"互联网+"的各种信息化教学手段和新的教学模式频出，如"雨课堂"、MOOC、超星学习通、翻转课堂等，逐步形成了线上与线下，课前、课中与课后相融合的混合式教学模式，为解决使传统课堂教学中存在的时空限制问题提供了有效方案，也进一步提高了课程教学的效率[22]。在新冠疫情防控期间，更是为解决课堂教学提供了有效的途径。而大学生正是热衷于手机、平板电脑等网络移动终端的群体，与以往依靠单一的传统线下课堂为主获取知识不同。现在，传统课堂已经不再是大学生获取知识的唯一方式，各种网络学习平台和工具更有利于大学生进行自主学习。

　　针对应用型本科院校电子信息类专业实践性课程，探索了基于"雨课堂"混合教学模式，并将其应用于"单片机原理及应用课程设计"课程教学实践，取得了较好的教学效果[23]。然而，新的教学模式实施的有效性如何，需要科学评估，以便于客观全面把握实施过程中的得与失，进一步优化教学模式，持续提高课堂教学效果。就电子信息类专业而言，其实践性课程可分为以下几种。

　　实验课：以验证性实验为主，如"模拟电子线路实验""数字电路实验"等。

　　实习实训课：以单项技能培养为主，如"电子工艺实习""电工电子实习"等。

　　综合实践类：是将综合技能及知识验证相结合，如"单片机原理及应用课程设计""嵌入式系统课程设计"等。

　　从教学实践来看，实践性课程的教学评价普遍存在以下问题。

　　（1）学生评价角度。学生在课程结束后需要作教师评教调查表。该调查结果某种程度上反映了学生对任课教师的喜好程度，该评教的主体是学生，主观性较强，且视角不够专业。

　　（2）同行及校内督导评价角度。每个学期专任教师都有一定量的听课任务，但某些教师的听课评课存在应付任务的现象，是"形式上"的听课评课，无法对任课教师的教学提供有价值的反馈信息。校内督导进行查课听课，往往并不了解该门课程的特点，且由于成本的限制，评价的次数较少，其结果的可靠性很难保证。必须注意到，实践性课程教学的形式包括教师辅导、学生自主实验、教师检查学生成果等，课堂评价方式也应该具有多样性，无论对于教师还是督导，采用一成不变的听课表来进行听评课并不合适。

　　（3）学生考核成绩的角度。实践性课程的考核一般由平时表现和实践报告组成，平时占60%，实践报告占40%，考核成绩反映的是学生在该门课的综合表现。学生的考核成绩很大程度上与该学生先修理论课程的初始能力有关，并不能完全体现该门实践性课程教师施教的结果。

　　上述三种评价都是统计意义上的总体性评价，没有对特定的课堂教学场景下教师、学生及两者的互动，从微观角度进行评价，而这种微观的评价往往蕴含有更符合实际的评价信息。

　　5.3.4.2　基于 LICC 范式的实践类课程混合教学的有效性评价模式

　　利用 LICC 范式构建针对实践类课程混合教学的评价模式，其基本流程如图 5-5 所示。其中各模块的功能与任务说明如下。

　　（1）评价对象分析。该模块主要是针对评价对象，即由课程、教师、学生及环境构成的课堂进行深入分析，为评价量表的制定提供依据。主要任务：对不同类型的课程进行分析，如理论课、实践课或者理实一体的课程，其教学的实施过程是有差异的；对学生学情的分析，如不同入学模式、不同生源地的学生学习风格与习惯。这些在事先都要进行访谈或者问卷调查，使评价更具有针对性。

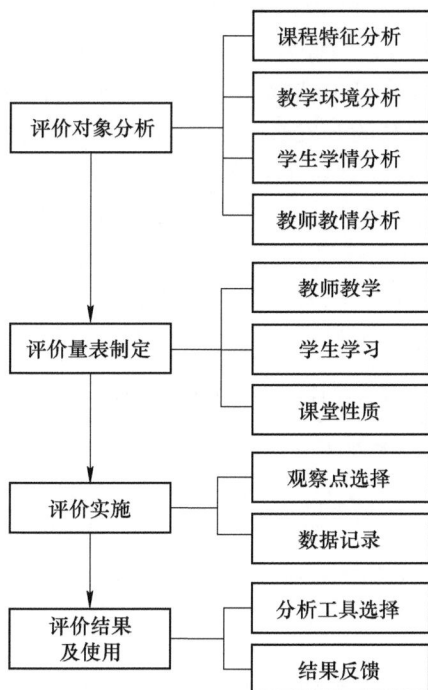

图 5-5 基于 LICC 的实践性环节混合教学模式评价过程

（2）评价量表的制定。评价量表制定是实现 LICC 评价的关键环节，此处需要根据从评价对象分析中获取的信息，根据特定的课堂教学过程，从教师教学、学生学习和课堂性质三个维度设计课堂观察量表，并对评价量表中项目进行定义，以使评价过程具备可操作性。

（3）评价实施。该模块主要分两个环节：一是要确定评价的观察点，即观察的学生群体，根据评价目标的需要，可以选择某个学生，或者某一类学生（如根据以往成绩的优劣、生源地及性别等）；二是要制定数据记录表格，对量表中规定的项目进行记录，为后续的评价数据分析提供规范化的数据。

（4）评价结果获取及使用。根据获取的原始评价数据，依托常用的数据分析工具或软件（如 Excel 或 SPSS）等，利用统计分析方法，对数据进行分析，如不同观察对象的对比分析、指标属性的假设检验等，以获取相应的评价结果。同时，需要将评价结果反馈给教师，以便对教学模式进行持续改进。

5.3.4.3 评价的实施与分析

根据前述基于 LICC 的评价流程，结合"单片机原理及应用课程设计"课程，进行实证研究，具体如下。

（1）评价对象分析。该门课程属于专业实践课，开设在大三第二学期。学生已普遍修完相关先修课程（"模拟电子线路""数字电子线路""单片机原理及应用""C 语言程序设计"），但综合实践应用能力有待加强。教师采取任务驱动式的课堂教学活动，由学生自主选择其中一个课设题目完成。整个课程安排在实验室进行，实验室提供配套的开发板（亚博 V3.0）和编程环境。

（2）LICC 量表的制定。针对实践性课程 LICC 量表的制定，应充分考虑该类课程采用任务驱动、学生自主实验、合作完成项目等的形式开展课堂教学。本节中的"单片机原理及应用课程设计"是以两个同学为一组完成项目仿真测试、实物展示等环节。参照 LICC 模式中的"4 个维度，20 个视角"，从教师教学、学生学习和课堂性质三个维度设计课堂观察量表，见表 5-9。

表 5-9 "单片机原理及应用课程设计"课堂观察量表

指导内容	教师教学			学生学习		课堂性质
	问题类别	指导时间	指导方式	当时行为	任务质量	探究资源
1						
2						
⋮						

上述表格若干关键字段的内涵说明如下。

1）问题的类别：是指学生在课堂上产生，需要教师指导的问题类型。包括：A. 硬件问题；B. 程序问题；C. 仿真问题；D. 实物问题。

其中，硬件问题为绘制电路原理图方面的问题，程序问题为编写代码方面的问题，仿真问题为硬件和程序进行联合调试时可能出现的问题，实物问题为下载程序到开发板时所产生的问题。

2）指导方式：A. 提示；B. 讲解；C. 示范。

3）当时行为：A. 交流；B. 记录；C. 翻资料；D. 发呆等。

4）任务质量：A. 好；B. 一般；C. 不好。

5）探究资源：A. 课本、指导书；B. 课外参考书；C. 网络。

（3）评价实施。由于本课程以两个同学为一组提交实物，所以当记录到某组同学时，选择其中一个学况较好的同学进行记录。安排两名听课教师，每名听课教师分别记录两节课，听课时间安排在课程的后半段，一共收集了 13 组同学的课堂观察数据，其统计结果见表 5-10。

表 5-10 LICC 量表记录结果的统计

教师教学	问题的类别	硬件问题	15%	平均 指导时长	5 分 20 秒
		程序问题	54%		15 分 08 秒
		仿真问题	15%		6 分 34 秒
		实物问题	15%		8 分 20 秒
	指导方式	提示	78%		
		讲解	100%		
		示范	23%		
学生学习	当时行为	交流	23%		
		听讲	100%		
		翻资料	15%		
		发呆等	0		
	任务质量	好	46%		
		一般	46%		
		不好	8%		
课堂性质	探究资源	课本、指导书	100%		
		参考资料	8%		
		网络	54%		

（4）评价结果分析。根据表 5-10 的统计结果，可得如下结论。

1）从指导类别的记录结果来看，程序类问题的指导所占的比重最大，而且指导时间最长，说明学生普遍在项目代码编写方面能力较为薄弱；而其他三种指导类别涉及硬件或者是具体操作类问题，相对较少，说明这部分内容学生较容易掌握。

2）从指导方式的记录结果来看，示范类的指导方式所占比重相对较少，说明经过前面先修"单片机原理及应用"课程的学习，以及课程前半部分的练习，学生对于操作方面的流程掌握较熟练，经过老师的提示和讲解，理解了原理和思路，学生即能完成相应操作。

3）从当时行为的记录结果来看，学生没有发呆等无效行为，说明主动请教老师的同学都比较积极认真，但与老师交流和翻阅资料的比例较小，说明学生接收教师的指导尚处于比较被动状态，缺少提前自主学习的意识。

4）从任务质量的记录结果来看，除了其中一组同学（即 8%）完成任务较差以外，有一半同学完成任务的质量处在"一般"水平，此类同学进步的空间较大，需要老师更多的引导和关注。

5）从探究资源的记录结果来看，仅有 1 组同学（8%）准备了课外参考资料，有54%的同学习惯用网络资源来解决问题，原因在于现在的信息化大背景下，学生获取知识更倾向于免费便捷的网络资源。

5.4 基于CIPP的毕业设计动态评价模型与指标体系研究

基于CIPP模型与本科毕业设计评价的高度契合性，本节通过环境基础、资源配置、实施过程和成果绩效四个要素与动态反馈机制的有效结合，构建了基于CIPP的毕业设计动态评价模型，并提出了具体的评价指标体系及动态评价实施方案。

5.4.1 本科毕业设计动态评价的必要性分析

毕业设计是专业人才培养课程体系中的必修课程，属于集中性实践性环节。因此，对毕业设计评价是本科教育教学评价的重要组成部分，对于健全能力与知识考核并重的多元化学业考核评价体系具有重要意义。2018年，教育部《关于加快建设高水平本科教育全面提高人才培养能力的意见》提出"完善学生学习过程监测、评估与反馈机制，加强对毕业设计（论文）选题、开题、答辩等环节的全过程管理，对形式、内容、难度进行严格监控，提高毕业设计（论文）质量"。2020年10月，国务院印发的《深化新时代教育评价改革总体方案》中再次提到"改进本科教育教学评估，突出学位论文（毕业设计）指导"。因此，建立和完善本科毕业设计评价体系是提高毕业设计质量的有效手段，是改进毕业设计课程体系的客观要求，也是完善毕业设计过程中人才培养、教师指导和教学管理的重要方式。

现有的本科毕业设计评价体系本质上讲是一种静态评价，并且存在评价主体单一、评价内容片面等问题。从评价方式角度看，目前对于毕业设计的评价考核主要通过开题、中期检查和最终答辩成绩来体现，采用的是以时间节点为考核要素、以事后评价为考核依据、以考核组主观判断为考核结论的模式[24]。本质上讲，是一种以结果为导向的静态评价机制，重结果轻过程，难以持续、及时、动态定位与追踪毕业设计过程中学生的状态。从评价主体角度而言，主要针对学生完成情况的单一性评价，缺乏对教师指导、院系管理、资源配置等要素的评价[25]。从评价内容角度，主要是对毕业论文本身的质量评价，缺少对毕业设计全过程的评价[26]，存在一定的片面性。

为此，基于《深化新时代教育评价改革总体方案》中提到的"改进结果评价，强化过程评价，探索增值评价，健全综合评价"的评价原则，强调毕业设计评价的多元性、全程性、改进性和动态性[27]，本节将重视决策导向和过程导向的CIPP模型引入毕业设计评价研究中，并在此基础上进一步引入动态反馈机制，尝试构建基于 CIPP 的毕业设计动态评价模型，并给出了具有可操作性的评价指标体系及评价活动实施方案。该模型可为推动本科毕业设计评价从阶段性静态评价向全过程动态评价，从结果导向评价向过程导向评价的转换提供新的研究思路和参考，对于提高本科毕业设计评价的有效性与可靠性具有重要价值。

5.4.2 CIPP 模型与本科毕业设计评价

5.4.2.1 CIPP 模型概念界定

CIPP 模型是美国知名教育评价学家 Stufflebeam 在 1966 年提出的管理导向评价模型，该模型是以决策为中心与社会效用为价值取向的教育评价理论模型。模型由背景评价（Context）、输入评价（Input）、过程评价（Process）和成果评价（Product）四个评价要素组成[28]。背景评价是对方案背景和目标作出的合理性和诊断性分析；输入评价是对方案实施条件进行的可行性分析；过程评价是对方案实施状况进行的有效性分析；成果评价是对方案实施效果进行的形成性分析，以决定是否继续使用、修正或者终止方案。

5.4.2.2 CIPP 模型研究现状分析

CIPP 模型是构建教育评价指标体系的重要模式之一，具有广泛的适用性[29]。从学前教育到创业教育[30]，从学生教育[31] 到教师培训[32]，从职业教育[33] 到社会责任感教育[34] 等，涉及的教育领域非常广泛。在高校教学研究中，CIPP 模型也得到了广泛应用，谢娟等[35] 构建了基于 CIPP 的翻转课堂教学评价体系，针对教学过程进行了评价研究。马玲玲[36] 和葛高丰[37] 针对综合实践教学构建了实践教学评价指标体系，针对实践性课程进行了评价研究。张金辉等[38] 将 CIPP 教育评价模型引入大学生社会实践育人成效评价中，针对社会实践教学建立了评价机制。然而，本科毕业设计作为重要的教学环节，有针对性地将 CIPP 模型应用于本科毕业设计的研究极少。因此，本节尝试将 CIPP 模型应用于本科毕业设计评价，以期进一步丰富和发展毕业设计评价体系，为提升高校毕业设计质量与改进毕业设计方案、优化教学资源提供参考和依据。

5.4.2.3 CIPP 模型应用于本科毕业设计评价的可行性

CIPP 模型在本科毕业设计评价中的适用性主要体现在以下三个方面。

（1）CIPP 模型的决策导向性满足本科毕业设计评价的多元性需求。本科毕业设计评价的多元性体现在评价主体、评价目标和评价方式的多样性和复杂性。从评价主体角度，本科毕业设计的评价不仅是对毕业论文质量的评价，也是对毕业设计过程中人才培养方式、课程体系、教师指导模式和教学管理的全方位检验。从评价目标角度，针对不同专业下多样化和差异化的毕业设计目标，有必要根据专业特点分类推进毕业设计质量评价。而我国高校本科专业的数量大、种类多、差异大，在教育部发布的《普通高等学校本科专业目录（2020 年版）》中显示，高校专业门类涉及 13 个领域，专业数量达到 703 个，因此，通用的评价模式不再适用。从评价方式角度，以答辩结果为最终成绩的主观单一评价方式，无法全面反映毕业设计开展效果，需要量化评价与质性评价，自评、互评与他评等多种评价方式结合使用。而 CIPP 模型以决策为导向的评价模式，有效地解决了上述问题，为全方位、立体化地开展毕业设计评价提供了重要的依据。

（2）CIPP 模型的全程性满足本科毕业设计评价的全程性需求。本科毕业设计的全过程涉及选题、开题、研究实施、中期检查、评审、答辩几个环节，是一项时间跨度大，涉及环节多的复杂工程。毕业设计评价应渗透在毕业设计的各个阶段，通过在中间环节进行监督与反馈，可以使教师及时掌握学生研究进度，动态把握各个环节的质量。毕业设计注重在整个过程中锻炼学生的能力[39]，这与 CIPP 模型以过程为导向的评价模式具有高度的一致性和契合性。CIPP 模式将背景、输入、过程和成果评价引入毕业设计评价中，覆盖了整个毕业设计全过程，符合毕业设计以过程为导向的评价模式要求。

（3）CIPP 模型的诊断性满足本科毕业设计评价的改进性需求。本科毕业设计评价的目的在于不断改进和完善毕业设计方案，从而提高毕业设计质量和改进毕业设计开展效果。而 CIPP 模型能够将评价融入毕业设计中，从而使评价成为提高、改进和完善毕业设计工作的高质量工具。CIPP 模型与毕业设计的有效结合，可以及时发现毕业设计开展过程中存在的潜在问题和不利因素，找到毕业设计实施过程和培养目标之间的差距，有针对性地不断调整和优化。这一做法契合 Stufflebeam 所言"评价最重要的目的不是证明，而是改进"[40] 的理念。

5.4.3 毕业设计动态评价模型与指标体系构建

基于 CIPP 的本科毕业设计动态评价模型涵盖了与毕业设计背景评价相匹配的目标基础，与毕业设计输入评价相匹配的资源配置，与毕业设计过程评价相匹配的过程实施，与毕业设计成果评价相匹配的成果绩效。在确立了 CIPP 模型适用于本科毕业设计评价的前提下，结合毕业设计全过程，通过四个要素和动态反馈机制的有效结合，构建了基于 CIPP 的毕业设计动态评价模型，模型如图 5-6 所示。

5.4.3.1 总体结构及构成要素的相互关系

基于 CIPP 的毕业设计动态评价是由高校、教师、学生等相关者共同参与，对毕业设计中所涉及的目标基础、资源配置、实施过程和成果绩效的价值判断过程。目标基础是毕业设计评价的基础前提，是对毕业设计需求分析和培养目标的设置，对选题质量、基础保障等内容进行诊断性评价。资源配置是毕业设计评价的重要保障，是对毕业设计资源、前期辅导、师资投入、组织保障等内容进行的可行性评价。过程实施是毕业设计评价的核心组成，对开题、论文大

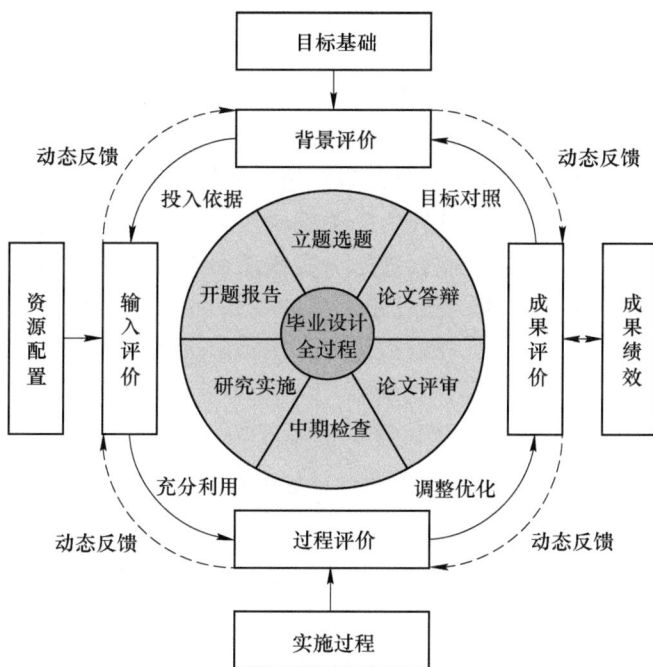

图 5-6 基于 CIPP 的毕业设计动态评价理论模型

纲、中期检查、设计研究、论文撰写等过程的形成性评价。成果绩效是毕业设计评价的关键一环，是对毕业设计的论文评阅、终期答辩、改进意见等进行的终结性评价。

5.4.3.2 四个要素的动态性关系

基于 CIPP 的评价模型是将整个毕业设计评价过程划分四个独立的评价要素，存在一定的逻辑关联局限性。而毕业设计的成果绩效受到目标基础和资源配置的影响；目标基础、资源配置和实施过程通过复合非线性逻辑关系导致了最终的成果绩效；成果绩效又需要实施过程的不断调整来支撑；每个环节都会受到前面环节的直接或间接影响。总之，需要四者之间相互联系、相互转化，共同作用。本节在 CIPP 模型的基础上强化动态反馈机制这一改进策略，进一步强化 CIPP 模型的内部逻辑性和紧密性。动态反馈机制既存在于各个环节之中，也贯穿于各个环节之间，使四个要素紧密相连，环环相扣，整个过程是一个动态的、反馈的、修正的过程。

在该模型中，四个要素的动态反馈关系如下：投入依据反馈机制连接目标基础和资源配置，资源配置以毕业设计需求和人才培养目标为依据，并核验需求是否合理、培养目标是否科学；资源利用反馈机制连接资源配置和过程实施，分析实施过程是否充分利用了配置资源，配置资源是否全面、有力，是否能够支撑毕

业设计的实施；实施调整反馈机制连接过程实施和成果绩效，毕业设计成果是否
得到充分体现，是否依据毕业设计过程进行优化，并依据实施过程解释成果；目
标对照反馈机制是在毕业设计完成后，对比结果和预期培养目标的差距，来发
现、反馈和改进未来毕业设计的新需求和新方案。

5.4.3.3　毕业设计动态评价指标体系构建与解析

指标的选取是影响毕业设计评价的关键所在。评价指标的设计和选取借鉴教
学评价体系指标，充分考虑毕业设计这一实践课程的特殊性，结合国内外对毕业
设计的主要评价指标[41]，基于过程性指标和结果性指标相结合、定量评价指标
与定性评价指标相结合、主观评价指标和客观评价指标相结合、自评与他评相结
合、全面与重点相结合的原则，初步构建了由 4 个一级指标、11 个二级指标和
27 个三级指标构成的毕业设计评价体系，见表 5-11。

表 5-11　基于 CIPP 的毕业设计动态评价指标

一级指标	二级指标	三级指标	指　标　释　义
背景评价（C）环境基础	培养目标	综合能力素养	是否符合高素质综合型人才的培养目标要求
		专业能力素养	是否符合具备专业知识和技能的人才培养目标要求
	选题质量	立题的科学性	专业特色契合度，课题难度、深度、工作量是否科学
		立题的实用性	是否与社会发展、企业需求、就业目标相匹配
		立题的创新性	毕业设计的研究内容是否具有创新性
	基础保障	学生知识储备	学生开展毕业设计的知识储备和技能水平
		师生了解程度	指导教师和学生的互相了解程度
输入评价（I）资源配置	师资投入	师生比例	指导教师数量和毕业生数量的比例关系
		双师型比例	指导教师中双师型教师的比例
		双导师比例	由校内导师和企业导师共同指导的毕业设计比例
		职称比例	具有中级、正高和副高职称的教师指导毕业设计的比例
	组织保障	软硬件资源	是否具备完备的硬件设施和文献、网络教学资源等
		能力培训	是否为学生和教师提供指导培训
		经费投入	在毕业设计开展上的经费投入情况
过程评价（P）实施过程	互动行为	师生互动频率	师生在毕业设计中的互动频率
		师生互动效果	互动行为表现和毕业设计开展效果的关联度
	学生表现	投入度	学生出勤情况，时间、精力投入情况
		积极性	学生对毕业设计的兴趣和关注度
		参与度	学生在课题研究中的参与程度
	教师表现	指导频率	教师指导毕业设计的频率、每次时长
		指导方法	一对一、一对多、个性化、基础技能指导情况

一级指标	二级指标	三级指标	指 标 释 义
成果评价 （P） 成果绩效	成绩评定	结果性评定	答辩得分、毕业论文得分、导师评分、外审专家评分
		过程性评定	开题报告评分、中期检查评分、开展效果测评
	素质提升	成果转化	参加各类竞赛、发表学术论文、申请知识产权等成果
		能力提升	理论水平、专业能力、实践能力、解决问题的能力等
	师生收获	学生收获	学生在个人素质和能力上的提高情况
		教师收获	教师在指导实效和能力上的提高情况

A 基于背景的评价指标选取与解析

背景评价着眼于毕业设计的必要性评价，通过分析毕业设计的社会需求、学习者现状、培养目标等进行的诊断性评价。选取"培养目标""选题质量"和"基础保障"三个指标来衡量毕业设计方案的环境基础。

（1）培养目标指标。培养目标是开展毕业设计工作的目的，通过"综合能力素养"和"专业能力素养"两个三级指标来衡量。综合能力素养主要考查学生分析调研、资料检索、文献翻译、问题解决等综合素养。专业能力素养主要考查学生理解、运用专业理论和知识的研究能力和实践能力。

（2）选题质量指标。毕业设计立题是毕业设计指导工作的首要环节，科学立题是实现专业培养目标的关键[42]。通过"立题科学性""立题实用性"和"立题创新性"三个三级指标来衡量。立题科学性指标基于专业特色和题目难度、深度、工作量等，主要考察毕业设计题目的合理性。立题实用性指标基于毕业设计与地方经济、科技、生产发展相结合，与企业实际需求相适应，与学生就业相匹配的角度[43]，主要考察实践性和应用性。立题创新性指标基于毕业设计题目与当前科技形势、社会需求的契合度，主要考察创新性和先进性。

（3）基础保障指标。基础保障是开展毕业设计工作的前提，通过"学生知识储备"和"师生了解程度"两个三级指标来衡量。前者是开展毕业设计的基础性能力，该指标基于学生的学习风格、学习态度、基础知识、专业知识和研究能力等维度的测评，考查学生开展毕业设计的理论基础。后者是推动毕业设计工作顺利开展和良性互动的重要保障，对于教师掌握学生能力和兴趣、学生了解教师研究方向起双向支撑作用，有利于激发学生兴趣、提高毕业设计质量。该指标考察对毕业设计课题研究的认同度和师生情感互动。

B 基于输入的评价指标选取与解析

输入评价着眼于毕业设计的可行性评价，是对毕业设计的资源投入和组织支持进行的科学性分析与研判。选取"师资投入"和"组织保障"两个指标来衡量毕业设计的资源配置。

（1）师资投入指标。师资投入是保证毕业设计高质量开展的前提，也是决定毕业论文质量的关键[44]。通过"师生比例""职称比例""双导师比例"和"双师型比例"四个三级指标衡量。师生比例是指毕业设计指导教师数量和毕业生数量的比例，用于控制每位教师指导毕业设计的数量，提高质量；职称比例是指具有正高、副高和中级职称的教师指导毕业设计的比例；双导师比例是指通过"高校+企业"的双导师模式指导毕业设计的比例；双师型比例是指具有双职称的指导教师比例。通过数量规模、职称结构和指导结构来掌握毕业设计的师资整体水平。

（2）组织保障指标。组织保障是保障毕业设计顺利开展的后备力量。通过"软硬件配套资源""能力培训"和"经费投入"三个三级指标来衡量。软硬件配套资源是毕业设计工作开展的物质基础，是开展毕业设计的必要载体。主要从设备、网络等硬件设施是否齐备，文献、网络教学资源等是否充足来衡量。能力培训从为学生提供相关讲座、动员会和为教师提供毕业设计指导培训两个方面考察。经费投入主要从教学设备经费投入、教学资源经费投入两个方面进行考察。

C　基于过程的评价指标选取与解析

对过程的评价是 CIPP 评价的关键环节。完整的毕业设计内容必须经过调研、分析、设计、实现和总结的全过程，对每个环节的全面质量监控有利于把握毕业设计的执行情况。选取"互动行为""教师表现"和"学生表现"作为毕业设计实施过程的考量因素。

（1）互动行为指标。互动行为有助于毕业设计顺利开展和动态调整。通过"师生互动频率"和"师生互动效果"两个三级指标来衡量。教师可依据互动行为表现和进度检查结果来掌握学生状态，并调整后期难度和进度。学生则可以了解自己的薄弱之处，进行针对性的改进和强化训练。通过追踪学生与教师的互动效果和频率，来考察毕业设计开展效果，通过反馈机制对毕业设计实现动态调整，评价和毕业设计进展同步交互进行。

（2）教师表现指标。教师为学生开展毕业设计提供指导，教师的指导贯穿毕业设计全过程。通过"指导频率"和"指导方法"两个三级指标来衡量。一方面，毕业设计的时间跨度长，对于毕业设计松懈敷衍的状态时有存在[45]，在研究实施阶段通过强化节点管理制度，规定见面、指导频次，可以在客观上提高效率，起到提醒督促的作用。因此，选取指导频率衡量教师对毕业设计的重视程度和指导频次。另一方面，通过个性化和差异化的指导方式可以帮助学生全面、详细掌握课题并开展研究，选取指导方法衡量教师对毕业设计的指导方式。

（3）学生表现指标。学生是开展毕业设计的主体，学生表现反映毕业设计开展效果。通过"投入度""积极性"和"参与度"三个三级指标来衡量。足够的时间和精力投入是完成毕业设计的重要保障，因此，选取投入度来衡量学生在毕业设计上的投入情况。兴趣是推动学生开展毕业设计的内驱力。因此，选取积极性和参与度来考查学生的情感状态和参与程度。

D 基于结果的评价指标选取与解析

成果评价是对毕业设计实际结果的形成性评价和对整个流程的总结性评价。选取"成绩评定""素质提升"和"师生收获"三个指标。

（1）成绩评定指标。通过"结果性评定"和"过程性评定"两个三级指标来衡量。评审和答辩是考察最终研究成果的关键环节，是对毕业设计成效的最终检验，考察毕业设计的物化成果、研究内容的学术价值和应用价值、论文及资料的规范性等，选取评审和答辩成绩对学生毕业设计的最终成果进行评价。同时，选取开题成绩、中期检查等过程性评分衡量开展过程的效果。

（2）素质提升指标。素质提升是高校毕业设计成果在素质拓展和附加价值上的体现，通过"成果转化"和"论文分析"两个三级指标来衡量。选取成果转化指标来衡量毕业设计的成果转化效果，包括论文、知识产权、竞赛等；选取能力提升指标衡量大学生综合能力的提升程度。其中理论水平、专业能力、实践能力、解决问题的能力等可列为重点考量因素，旨在反馈毕业设计工作开展的有益效果。

（3）师生收获指标。通过"学生收获"和"教师收获"两个三级指标来衡量。学生收获主要关注学生在文献检索与论文撰写、专业技术知识、实践技能、问题解决、创意物化等方面的意识和能力上的提高，指标既关注情感、价值等体验效果，又关注报告、论文、试验模型等物化成果[46]。教师收获主要侧重于从指导实效和能力提高维度来评价教师在毕业设计指导中的收获，立足于实施结果以获得反馈信息，从而起改善和促进的效果。

5.4.4 毕业设计动态评价活动方案设计

基于 CIPP 的毕业设计动态评价方案强调评价的过程性和动态性，评价行为伴随毕业设计过程，但并不是时时评价，也不是全部评价，而是根据需求，规划时间和节点，有针对性、有重点地开展评价。评价过程要符合专业特点，讲究精准化、个性化和实用性。

图 5-7 所示为本节提出的毕业设计评价活动方案，该方案中既关注到学生知识学习和技能发展要素，又体现综合能力培养要素，主要环节包括四个方面。

（1）背景评价——目标基础。在毕业设计开始之前，其一，通过访谈校内外专家、调研文献资料等方式确定本专业人才培养目标。其二，依据培养目标确定毕业设计题目，由专家评审打分，给出评审意见，保证课题质量。其三，通过发放调查问卷调研学生的学习风格及学习态度，获得学生的学习偏好和特征，掌握学生的知识水平。

背景评价 →　反馈	输入评价 →　反馈	过程评价 →　反馈	结果评价　反馈
目标基础 确定目标 / 立题选题 / 状态调查 培养目标分析 / 题目质量评价 / 学生状态分析	**资源配置** 投入保障 / 教师培训 / 学生培训 资源使用记录 / 知识能力分析 / 投入情况记录	**实施过程** 互动情况 / 教师表现 / 学生表现 行为参与记录 / 互动交流统计 / 进度观察记录	**成果绩效** 成绩评定 / 素质拓展 / 反思评价 归档材料记录 / 总结归纳分析 / 满意度调查

评价主体	评价活动	评价主体	评价活动	评价主体	评价活动	评价主体	评价活动
题目	基于评审的立题质量评价	学校	基于量表的各类投入评价	教师	基于调查问卷的状态自评	教师	基于毕设成果的效果自评
教师	基于访谈的培养目标评价	学生	基于调查问卷的学习能力测评	学生	基于调查问卷的状态自评 基于检查的进度测评	学生	基于毕设完成效果的自评 基于量表的能力测量评价 基于问卷的满意度调查
学生	基于问卷的学习态度调查 基于量表的学习风格调查	教师	基于测验的指导技能测评	教师学生	基于量表的参与度互评	学校	管理效果评价

反馈

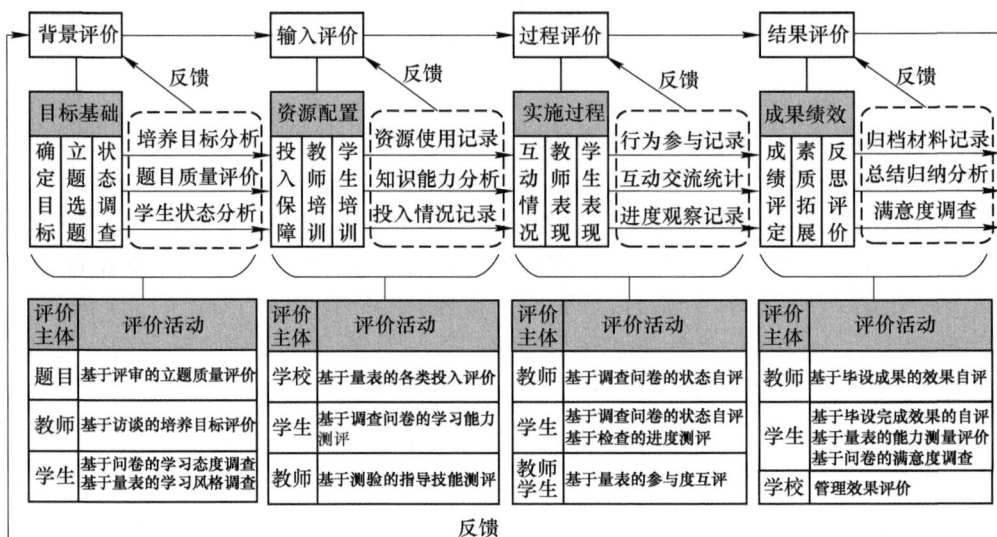

图 5-7　毕业设计动态评价活动方案

（2）输入评价——资源配置。首先，结合背景评价中的学生知识水平和毕业设计题目质量评价结果，通过毕业设计动员会、毕业设计指导培训等方式开展基础培训，记录培训内容，并测试学生和教师的培训效果。其次，量化统计分析在毕业设计中的师资投入、经费投入和软硬件投入，为最终的评价提供依据；并且发放调查问卷评估基础设施、软硬件资源配套情况和满意度。

（3）过程评价——实施过程。过程评价主要作用于毕业设计实施阶段的开题报告、中期检查、论文撰写三个节点。可选择在指定节点或者两个节点之间，通过发放调查问卷（如教师表现评价表、学生表现评价表、毕业设计整体情况评价表、自我评价表等）测评教师和学生的毕业设计投入度和参与度，实时反馈并改进毕业设计开展情况。通过反馈，教师可以获取学生的行为表现和情绪状态，对状态不佳或进度太慢的学生进行监督提醒、加强交流和指导等，对于进度较好的学生适当提高，进行拓展；学生可及时调整自己的学习状态、修正研究思路。师生可针对毕业设计活动过程进行总结，基于不断出现的问题迭代调整。

（4）结果评价——成果绩效。该阶段，通过毕业设计的综合得分和成果转化分析毕业设计的整体效果。通过发放成果评价表、满意度调查表、自我能力提升测评表等方式完成毕业设计效果评价。教师和学生层面，从毕业设计实施效果的角度开展评价，并根据反馈结果调整毕业设计方案；学校层面则从教学管理、就业角度参与评价中。

5.5 小结

本章对混合教学模式设计及教学实施中所涉及的学情分析、效果评估问题进行了研究，具体介绍了基于 VARK 学习风格的学情调查，分别给出高职院校、应用型本科两个不同学生群体的调查案例，并对学习风格与不同生源特征之间的关系进行统计分析；介绍了基于 LICC 课堂观察的学生个体化教学效果微观评价模型，并设计了相应的观察量表对"单片机原理及应用课程设计"的学习效果进行了数据记录和分析；针对毕业设计类课程的评价问题，分析了 CIPP 模型与毕业设计评价的契合性，并基于 CIPP 构建了毕业设计动态评价模型，给出了具有可操作性的评价指标体系及评价活动实施方案。

后续将从如下方面，进一步对相关问题进行研究。

其一，增强 LICC 量表研究制定的科学性、扩大其应用范围。研制量表是一种对组织化、专业性都有较高要求的团队研究活动，在开发实践中，容易出现研制行为各自为政、量表脱离 LICC 范式框架或量表可操作性不高等问题。建议研制者在行动前，首先做好研制团队组织架构和分工，把研制工作的步骤理清楚，务必形成 PDCA 的闭环行动模式，稳步推进。

其二，进一步完善 CIPP 评价体系在毕业设计效果评估中的应用方式。例如：从实用性角度，考虑为评价体系中的各个指标设置权重，便于量化统计分析，从而增加指标体系的实用性和客观性。此外，评价数据的采集和处理方式也是值得关注的重要问题，采用量化分析数据可以削弱主观性，便于统计分析；而质性分析数据则可以丰富资料，便于发现问题和提供建议。宜通过量化处理和质性分析的有效结合，提炼出更具科学性的评价结果。

其三，进一步研究教学测量的新工具、新视角，拓展教学过程数据的获取途径。如由加拿大学者 Garrison 等提出的探究社区理论，是评估在线学习效果的重要工具。已有学者开发了相应的量表，如美国学者 Arbaugh 等编制了英文版探究社区量表，国内学者兰国帅等开发出一套中文版探究社区量表，为对混合教学模式实施的有效性评价提供了新工具。此外，基于机器学习算法的学生情感状态的检测与认知等所谓"计算教育学"问题也成为教育学与信息学的重要交叉领域，为教学评价提供了新视角。

参 考 文 献

[1] 彭红超, 祝智庭. 人机协同决策支持的个性化适性学习策略探析 [J]. 电化教育研究, 2019, 40 (2): 12-20.

[2] 王华容, 谭顶良. 近十年西方学习风格研究述评 [J]. 外国中小学教育, 2008 (4): 15-20.

[3] 鲍安平, 张弘. 高职院校学生学习风格研究——电子类专业学生 VARK 调查与分析 [J]. 职业教育研究, 2012 (4): 21-23.

[4] Coffield F, Moseley D, Hall E, et al. Learning styles and pedagogy in post-16 learning: A systematic and critical review [R]. Learning & skills research center, 2004.

[5] Fleming N D, Mills C. Not another inventory, rather a catalyst for reflection [J]. To improve the academy, 1992, 11 (1): 137-155.

[6] Kolb D A. Experiential learning: Experience as the source of learning and development [M]. Cambridge: FT press, 2014.

[7] Mumford A, Honey P. Questions and answers on learning styles questionnaire [J]. Industrial and Commercial Training, 1992, 24 (7): 10-13.

[8] Felder R M. Learning and teaching styles in engineering education [J]. Engineering Education, 1978, 78 (7): 674-681.

[9] 张华亮. 基于成人高校学生 VARK 学习风格的因材施教策略分析——以管理专业案例教学设计为例 [J]. 成人教育, 2020, 40 (2): 71-76.

[10] 姜强, 赵蔚. 多元化媒体资源适应性推送及可视化序列导航研究 [J]. 开放教育研究, 2015, 21 (2): 106-112.

[11] 王小明. 步入困境的学习风格理论 [J]. 外国教育研究, 2020, 47 (5): 93-102.

[12] 崔允漷, 沈毅, 吴江林. 课堂观察 II: 走向专业的听评课 [M]. 上海: 华东师范大学出版社, 2013.

[13] 李锋. 课堂观察: 从 "感性描述" 走向 "理性实践" [J]. 教育科学研究, 2008, 24 (3): 42-44.

[14] 崔允漷. 论课堂观察 LICC 范式: 一种专业的听评课 [J]. 教育研究, 2012, 33 (5): 79-83.

[15] 张文姗. 基于 LICC 范式的高职课堂观察量表研制初探 [J]. 吉林省教育学院学报, 2019, 35 (8): 115-119.

[16] 郭多华, 张小发. 课堂观察 LICC 模式下思想品德评课的实践维度 [J]. 中学政治教学参考, 2016 (24): 45-47.

[17] 闫蒙钢, 刘敏. LICC 课堂观察模式在化学课堂教学评价中的应用 [J]. 化学教育, 2013, 34 (3): 33-36, 41.

[18] 陈礼, 余红宇. 基于课堂观察的高中地理课例研究与分析——以 "农业生产与地理环境" 为例 [J]. 地理教学, 2019 (18): 30-32.

[19] 喻奇林, 阮享彬. 初中物理的 LICC 范式课堂观察实践——以 "电功率" 复习课观察为例 [J]. 物理教学, 2018, 40 (6): 37-39.

[20] 徐坚，高华，张文珊. 任务单形式课堂教学法对职业教育学生学习主动性的课堂观察研究 [J]. 职教论坛，2017 (6)：82-85.

[21] 高雪春，侯长林. 应用型本科高校课程建设的"破"与"立" [J]. 中国职业技术教育，2019 (29)：33-38.

[22] 刘良波，孙延鸣. 慕课在高校兽医外科手术学实验课程中教学改革初探 [J]. 科技视界，2019 (7)：125-126.

[23] 杨莉，胡国兵，徐志国，等. 基于雨课堂的课程设计混合教学模式的构建与实践——以"单片机原理及应用课程设计"为例 [J]. 金陵科技学院学报，2019，35 (4)：52-56.

[24] 邱香华. 模糊综合评判法在学术型硕士学位论文质量评价中的应用 [J]. 西南大学学报，2018，40 (11)：81-85.

[25] 王鑫. 毕业设计（论文）质量问题影响因素探析——以应用型本科为例 [J]. 大学教育，2019，12：38-40.

[26] 何立恒，杨强，鲍其胜. 基于全过程的本科毕业设计质量评价体系构建 [J]. 测绘通报，2019 (10)：138-141.

[27] 王小根，单必英. 基于动态学习数据流的"伴随式评价"框架设计 [J]. 电化教育研究，2020，41 (2)：60-67.

[28] Stufflebeam D L, Shinkfield A J. Evaluation Theory Models and Applications [M]. San Francisco, CA：Jossey-Bass，2007.

[29] 陈雅川，孙蔷蔷. 基于 CIPP 评价模型的学前教育指标体系研究 [J]. 比较教育研究，2019，41 (5)：98-105.

[30] 刁衍斌，于玺. 基于 CIPP 的新工科体验式创业教育评价体系 [J]. 中国高等教育，2020 (10)：37-39.

[31] 于娇，冯乾坤，丁学森. 基于 CIPP 和 CDIO 模型的高校大学生学业评价系统的新探索 [J]. 黑龙江高教研究，2019，37 (3)：52-56.

[32] 夏蓓蓓. 中外合作办学中的教师短期境外培训——基于 CIPP 评价模型的案例研究 [J]. 高教探索，2020，5 (8)：111-115.

[33] 罗银科，杜茜茜. 1+X 证书制度下职业教育人才培养一体化评价研究 [J]. 现代教育管理，2020 (11)：87-94.

[34] 吕剑新. 基于 CIPP 评价模式的社会责任感培育要素分析 [J]. 统计与决策，2018，34 (10)：108-112.

[35] 谢娟，张婷，程凤农. 基于 CIPP 的翻转课堂教学评价体系构建 [J]. 现代远程教育研究，2017 (5)：95-103.

[36] 马玲玲. 基于 CIPP 模型构建综合实践活动课程评价指标体系 [J]. 教学与管理，2020 (9)：115-118.

[37] 葛高丰. 基于 CIPP 模式的高职综合实践教学评价 [J]. 教育与职业，2014 (23)：157-159.

[38] 张金辉，梁博通. 基于 CIPP 模型的大学生社会实践育人成效评价体系研究 [J]. 学校党建与思想教育，2017 (16)：56-58.

[39] 朱昌平，何海霞，周笑晨，等. 阶梯式培养方式提高毕业设计质量的探索 [J]. 实验室

研究与探索, 2018, 37 (3): 183-187.

[40] 葛莉. 基于 CIPP 的高校创业教育能力评价与提升策略研究 [D]. 大连: 大连理工大学, 2014.

[41] 陈晓竹. 中外本科教育中"毕业设计"评价指标的比较——以中国计量大学与奥克兰理工大学合作办学项目为例 [J]. 高等工程教育研究, 2019 (1): 152-157.

[42] 彭秀英. 立题和过程管理是提高毕业设计质量的保证 [J]. 中国大学教学, 2012 (3): 75-76.

[43] 张明广, 茹宁. 产业转型升级背景下高校毕业生就业的供需匹配研究 [J]. 高教探索, 2020 (9): 114-122.

[44] 周乐强. 转型发展视域下新建本科院校师资队伍建设研究 [D]. 南昌: 南昌大学, 2016.

[45] 顾涵, 房勇. 基于工程教育专业认证标准和 OBE 理念对毕业设计环节的创新探索与实践 [J]. 实验技术与管理, 2020, 37 (11): 209-212.

[46] 王德朋. 本科毕业论文的功能应重新定位 [J]. 中国大学教学, 2017 (5): 49-52.

附 录

附录A 本科一流课程（线下）
申报书的撰写心得与建议

国家级或省级一流课程在申报过程中需要准备的材料主要包括申报书的撰写与申报材料的准备两部分。本节将根据作者对申报要求的理解与申报经验，给出申报书撰写过程中对各部分撰写的建议及案例。

以国家级本科一流课程（线下）申报书（后文简称申报书）为例，对其中6个部分，具体分述如下。

（1）课程基本信息。课程基本信息主要是课程静态与课程动态基本信息。前者是课程的自身属性，如课程分类、面向专业、学时、学分、先修（前序）课程名称。后者是课程在实施过程中产生的信息，如课程负责人、所在单位、课程编码及选课编码、最近两期的开课时间及选课人数及选用的教材。在填写中需如实提供相关信息，与教务系统保持一致。

（2）授课教师（教学团队）。授课教师（教学团队）模块主要包括两个方面：一方面是教师团队的基本信息，通常团队人数不超过5人，最好近两期开课期间实际从事课程教学的教师，且能在教务系统中可以查询到教学任务安排信息；另一方面是教学团队的教学经历，需提供近5年来在承担该门课程教学任务、开展教学研究、获得教学奖励方面的情况。在填写时，主要突出教学及研究方面的概括性信息，建议从教学奖励（如教学成果奖、论文或课题获奖、教学业绩获奖，体现了成果与业绩的水平）、教学研究项目（如教学改革或课程改革等，体现了课程教学及研究的先进性与视野）及教学任务（与课程教学相关的理论、实践教学任务）三个方面排列。

（3）课程目标。申报书中要求：结合本校办学定位、学生情况、专业人才培养要求，具体描述学习本课程后应该达到的知识、能力水平。因此，建议在撰写时，先用一、两句话概述一下本专业本校办学定位，进而从知识传授、能力培养与价值引领三个方面分述。前两个是针对课程的专业性内容的课程目标，而最后一个有关课程思政目标的描述。

（4）课程建设与应用情况。该部分的撰写要求：本课程的建设发展历程，课程与教学改革要解决的重点问题，课程内容与资源建设及应用情况，课程教学内容及组织实施情况，课程成绩评定方式，课程评价及改革成效等情况。这一部分撰写的基本逻辑：先面后点，即先对课程建设的过去与现在进行概述，在现状分析的基础之上，提出课程建设中存在的问题，而后分别从课程内容、课程资源、教学方法、考核评价等方面对所提出重点问题的解决方案都进行阐述，最后是对整个课程建设的效果进行评估。下面结合案例针对每一个分项撰写进行说明。

1）本课程的建设发展历程。在这一小节中，可以时间轴为主线，简要叙述课程建设中重要事件，如与课程建设（或专业建设）有关的项目立项、教材出版、资源上线及其他有关的获奖等。以"数字信号处理"课程为例，可描述为：

该课程是电子信息类专业的核心课程，开设以来其建设与改革始终围绕专业建设与技术进步这个主题，累计受众4000余名，为其培养目标的达成提供了重要支撑，建设中的重要事件如下所述。【2005—2007年】：2005年首次开课，2007年被评为校级标准课程。【2011—2015年】：2011年被评为校优秀课程，开设双语课程，2015年被定为校"精品课程"。【2017年至今】：2017年尝试移动学习平台的应用；2018年依托市级高教人才培养创新实验基地建设，探索"口袋实验室"教学模式；2019年，成为电子信息工程专业（省一流）建设的核心课程之一，开始工程教育认证试点。

2）课程与教学改革要解决的重点问题。所谓要解决的重点问题，传达了两层含义：一层是要解决，表明问题尚未完全解决，正在解决，意味着后续课程建设计划中要有将来有关解决这些问题的思考；另一层是重点问题，则对问题的层次进行了明确，此类问题应该是过去、现在及将来课程与教学改革实践中的痛点问题，后续的小节是对解决这些问题的具体措施及落实情况。如何总结、归纳并提出这些问题？一般，问题主要来源是教学内容、教学资源、教学方法及教学评价这四个要素自身、四要素相互之间协同等方面。以"数字信号处理"课程为例，可描述如下。

①课程基本理论、工程应用实践及课程思政元素的有机结合。需要结合教师的科研成果、行业应用实践案例，着力培养学生的工程意识，并深入挖掘课程中蕴含的哲学思辨、科学伦理等思政元素，以满足立德树人的根本要求。（有关课程内容）

②课程内容的抽象性与已有教学模式的单一性之间的矛盾。仅依靠单向灌输式讲授，学生的兴趣引发与专注力较难保证，需要改变课堂模式，改善教学生态。（有关教学方法）

③课程的实践性与实践教学资源的有限性之间的矛盾。教学实践中存在实验学时数、实验室空间等资源限制，因此，需要探索其实践性环节虚拟实验教学新

模式。（有关教学资源）

3）课程内容与资源建设及应用情况。可分为两个方面进行说明。

其一，课程内容的简述。课程内容按照课程自身的特点，先理出一条主线，而后将整个课程内容用这条线串联起来，同时要体现课程建设过程对内容进行的调整、优化的具体情况进行说明。例如：

本课程的主要内容可归为一个定理（采样定理），两大应用（数字谱分析与数字滤波器设计），五种变换（Z 变换、DTFT、DFT、DFS 及 FFT）及六个专题（LSI 系统时域、Z 域分析、频域分析、数字滤波器结构、IIR 滤波器设计、FIR 滤波器设计）为框架的结构体系。（对内容的陈述）

为了提高课程内容的工程性与思想性，引入双融合矩阵优化课程内容：一方面，将教师科研项目，如雷达信号处理、自来水管道信号处理、语音识别等方面成果与课程的知识框架相融合，形成教学案例集；另一方面，从技术发展历史与现状、马克思主义哲学的世界观及方法论中全方位挖掘思政点，建立知识点与思政元素之间融合矩阵，形成思政案例集。（对调整、优化的陈述）

其二，课程资源建设及应用情况的说明。资源建设的类型是多样的，从内容角度，可分为理论性资源与实践性资源；从存取的方式，可分为纸质资源（如教材）与多媒体资源（如网络课程、微课、PPT、教学辅助软件等）。如果有自编的教材，要明确说明并简要介绍编写的思路。对应用情况的描述，可从应用的对象与范围、应用的效果等方面进行说明。例如：

选用高西全等编写的"十一五"国家级规划教材《数字信号处理》第四版，并编写了配套的实验指导书；建有精品课程网站及移动学习平台；依托学院与 NI 的联合工程中心平台，自主开发了基于 LabView 的教学辅助软件及"口袋实验室"套件，已在本校信息类专业得到应用。

4）课程教学内容及组织实施情况。这一部分一般应紧扣前面提出的重点问题，就教学方法方面存在问题，简述解决方案。建议对所采取的教学方法进行归纳、提炼，并以解剖麻雀的方式，举例说明所用教学方法的实施过程。以"数字信号处理"课程为例，针对前述课堂教学存在的互动不足的问题，引入了五星教学法，并以采样定理一节为例，简要说明了实施过程，具体为：

引入梅丽尔五星教学法，即根据具体的教学单元内容，利用"教学案例集""思政案例集"、辅助教学软件及"口袋实验室"套件等资源，将其设定为一个特定的技术或学术问题，在"聚焦解决问题"的教学宗旨下，通过"激活旧知""示证新知""尝试应用"和"融会贯通"四阶段循环，并融入师生互动、思政元素，完成课堂教学。下面以"采样定理"单元为例进行说明。

课前：通过移动学习平台布置自主学习任务，让学生查阅实际 AD 变换器的说明书，并初步分析关键指标及工程意义，引出问题。

课中：

聚焦问题。创设情境，以教师的科研项目成果、抗疫中用的红外测温仪为载体，引入学生对采样在工程实践中的应用思考、培养专业兴趣。

激活旧知。通过正弦波五点法反演，结合采样器的选型等，对已有的知识进行梳理。通过辅助软件进行正反例演示的基础上，分析采样及其原则是什么，聚焦要解决的重点问题，展开后续对解决问题的讨论。

示证新知。师生以合作探究的形式，获取新知，主要包括采样定理、恢复方法及实际采样三大块。以 Nyquist 等著名科学家成长故事，培养学生正确的人生观与发展观，同时在采样定理的论证过程中，体现多角度思维及规矩意识。

尝试练习。学生基于辅助教学平台及实验系统，对矩形波信号的采样与恢复进行测试与分析。

融会贯通。通过对工程上采样率选取原则进行深入分析，通过正反例的演示，启发学生思考，体会精益求精大国工匠精神之实质，并进行总结。

课后： 让学生自录语音信号并依托"口袋实验室"完成课后实践作业，教师进行在线评价。

5）课程成绩评定方式。这一部分的叙述应与课程教学大纲保持一致，例如：

按照支持解决"复杂工程问题"毕业要求达成的需要，将过程性评价与终结性评价相结合组织考核，成绩评定公式为

$$总评成绩 = 平时成绩 \times 50\% + 期末成绩 \times 50\%$$

其中，期末考核主要考查学生对基本概念和知识点的掌握情况；平时成绩由课堂表现（出勤及课堂互动情况，占 25%），作业（书写、正确率，占 50%）及实验（出勤、课程表现及实验报告，占 25%）组成。

6）课程评价及改革成效等情况。可从不同评价客体来进行说明，主要包括学生评价、教师评价、达成度评价（如果开展了工程教育认证）及外部评价几个方面。从学生评价角度，可以学生成绩或以学生成绩为基础数据的达成度评价作为依据；教师评价，则可以学生对课程组教师的学生评教、督导评教情况及学生满意度问卷调查情况进行说明。外部评价，从学生角度，可体现其在与课程相关的专业竞赛中的获奖、创新能力训练的成果；教师角度，可从本课程的教学资源、教学成果对兄弟院校的辐射作用等方面进行描述。例如：

近三年来通过多维度评价课程改革成效，初步构建持续改进机制，包括：课程组教师学生评教平均分 92.0088 分；期初及期末进行问卷调查，学生的平均满意度及认可度达 90% 以上；受教学生省级以上竞赛获奖 34 项，立项省级大创项目 8 项，授权实用新型专利和软著 12 项，发表论文 5 篇，省优毕业论文三等奖 1 项；开发的多媒体教学平台获得了软件著作权，并为兄弟院校提供了试用服务，获得好评。

（5）课程特色与创新。这一部分应联系前述所提出的重点问题及其解决方案进行对应性描述。

1）建立"两融合矩阵"，更新课程教学内容：建立教师在雷达信号处理、语音信号处理方面的科研项目成果与课程内容的融合矩阵，形成教学案例集，提升教学内容的创新性与高阶性，同时可用于实践项目创建、情境创设等，有利于培养学生的学术与工程意识及创新能力；建立具体的知识点与哲学辩证思维等思政元素的融合矩阵，形成课程思政案例集。有利于实现"价值引领、知识传授及能力培养"三位一体的教学目标。（针对问题1）

2）引入"五星教学法"，改善课堂教学生态：引入梅丽尔五星教学法，并借助自主开发的教学辅助软件及教学案例集，将每个单元定义为一个问题，在"聚焦问题"的教学宗旨下，通过"激活旧知""示证新知""尝试应用"和"融会贯通"等四阶段循环圈的递进迭代，在教学的每一个环节都融入师生互动，提高学生学习的自主性及专业的志趣，全过程融入思政元素，以改善课堂教学生态。（针对问题2）

3）构建"口袋实验室"，提升学生实践能力：基于学院与美国国家仪器公司合作共建的产教融合联合工程中心资源，自主研发了基于 LabView-MyDAQ 的课程"口袋"实验室。一方面，拓展了实践教学的时空范围，使学生可获得更充分的基础实践训练条件；另一方面，可利用该平台引导学生进行自主学习与研究性学习，提高实践创新能力。（针对问题3）

（6）课程建设计划。此处建议从建设目标以及为了达成目标拟采取的措施方面展开，也需呼应前述提出的问题以及现有解决方案中的不足。

总体目标：坚持以电子信息工程专业人才培养目标达成为实际需求，坚持以知识、能力、素养协同发展为根本任务，坚持以产教融合为实现路径，构建确立大国工匠的精神引领、对接行业需求的教学内容、启发主动学习的教学设计、形成互动合作的课堂生态、完善移动泛在的学习方式，重构全面跟踪的评价体系，建立持续改进的建设理念的国家级一流本科课程。

计划措施如下。

1）内容更新：以实际信号为对象，以信号处理为核心，以应用场景为重点，重构内容体系；提升 NI 产教融合工程中心的功能，深度引入企业资源，全面更新课程内容。

2）方法创新：基于建构主义的教学理念构建多声道交互式智慧课堂。

3）评价改革：构建基于智能化在线学业评价与诊断系统，全面跟踪学习过程，对学习效果进行全面分析，对学生学习资源作个性化推荐，实现因材施教和学生的个性化发展，为 PDCA 模式的教学效果持续改进提供科学依据。

4）团队提升：按照"6+1"教师教学发展指数模型，尤其鼓励教师参加教学大赛及其他高水平大赛，进一步提升教学团队执教能力。

5）资源建设：建立思政融合案例库及云端全息"口袋实验室"平台，编写以一两个工程案例贯穿始终且体现思政元素的特色教材，构建立体化教学资源。

附录 B　说课文稿撰写与案例分析

　　近年来，在各类课程建设与改革类项目的申报中，如国家一流课程的申报、产教融合类课程的申报，以及教学能力大赛中，均要求课程负责人或参赛主讲教师提供 5~10min 的说课视频。前者通常是课程建设项目申报时对课程建设的宏观理念与微观教学设计思路的说明，而后者常见于教学比赛时对授课内容教学设计的阐述。本节将结合笔者参与各级各类课程申报、教师教学比赛的经历，以"数字信号处理"课程的说课为例进行初步探讨，并给出说课稿的撰写案例。

　　说课是教师在一定的时间内，在特定场合下向同行阐述所采取教学策略及其理论和实践依据，然后让听者评说，达到共同提高之目的一种有效的教学研究形式[1]。说课在中小学教师、应用型院校教师教学研究、教学能力培训与评价中已成常态[2-9]。一般而言，说课的内容可以针对整门课程，也可以是针对某一个教学单元。

　　说课不同于讲课，讲课是解决知识传授的过程，而说课是一种类似于元认知的概念，是说明为什么这么教。因此，简略地说，就是要传达如下信息：说什么课，教什么，怎么教，用什么教，教得怎么样？按照这个逻辑，说课稿的基本框架如附图 B-1 所示。具体说明如下。

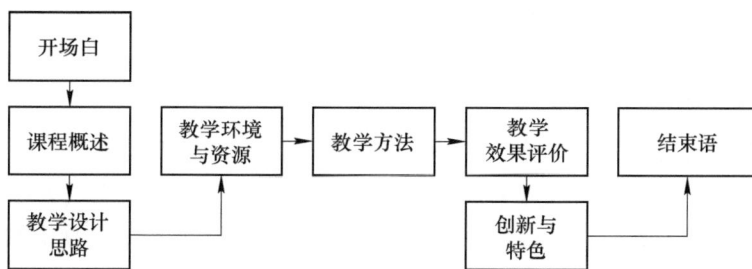

附图 B-1　说课文稿撰写的参考框架

　　（1）开场白：介绍自己的身份，所要说的课程，以及说课的内容提要。举例如下：

　　尊敬的各位专家，大家好。我是某学院的某某。今天我要说的课程是"数字信号处理"。我将从课程概述、教学设计思路、教学环境、教学方法、创新与特色、教学效果的评价六个方面对本课程进行整体介绍。

　　（2）课程概述：可从以下几个方面作简要说明：1）课程所支撑的专业及其基本情况、课程荣誉、开设的时间及对象、前续与后继课程等；2）课程的学时及其构成；3）课程团队及教学资源的基本情况；4）课程与行业、产业的联系；

5）教学目标及其对专业人才培养目标的支撑度等。举例如下：

"本课程所支撑的电子信息工程技术专业，是我校 2019 年首批十个省一流本科专业之一，为校级精品课程，一般在大三上学期开设，其前续课程有"复变函数""信号与系统"等，后续课程有"通信原理""DSP 课程设计"等。课程理论学时共 56 学时，实验 8 学时。经过十余年建设，已建成较丰富的课程教学资源，形成一支具有较强教科研水平的稳定师资团队。（课程基本情况）

新一代信息技术是我国重点规划的七个战略性新兴产业之一，可以预见企业对该领域应用型本科专业人才的需求量大增。同时，作为省一流本科专业电子信息工程专业的核心课程"数字信号处理"，以行业产业的需求为导向而开设，在建设中以工程教育认证理念为指导，对本专业的毕业要求有较强的支撑。本课程对专业毕业要求支撑度主要分布在工程知识中的 1~3、1~4，问题分析中的 2 和 3。（行业需求、人才培养目标的支撑）

本课程目标分为三个：从知识传授角度而言，掌握离散时间信号和系统的基本理论与分析方法；掌握数字频谱分析的理论及应用；掌握 IIR 和 FIR 两大数字滤波器系统的设计方法和应用。从能力培养角度而言，培养学生利用基本理论分析解决信号处理领域实际问题的基本能力，具备应用研究及理论分析能力，具有初步的算法分析、数字系统设计和仿真能力。从价值引领角度而言，将学科发展及前沿、马克思主义哲学的世界观与方法论有机融合到教学中，培养学生解决实际工程问题的辩证思维，形成理论联系实际的思想方法及严谨的科学态度。与课程目标相对应的课程内容，及其对毕业要求的支撑也可以从表中看出。"（教学目标）

（3）教学设计思路：该部分是说课的核心内容，可从教学设计的理念、教材的选取、教学内容及重难点分析、教学环境、教学方法等方面展开。在进行教学方法的阐述时，要注意两点：其一，宜结合某一个教学单元的微观教学设计进行说明。有些教学比赛中，要求先进行说课后讲课。此时，最好以讲课的内容作为说课中微观教学设计的案例，以保持一致性；其二，要体现课程思政的教学设计。即说明思政点是什么，何时融入，其依据何在？

举例如下：

我们的教学设计理念，主要包括三个方面：一是 OBE 理念，培养学生解决复杂工程问题能力；产教融合，体现应用型特色；二是金课标准，即满足高阶性，先进性，挑战度；三是"新技术+"，即"互联网+""智能+"，借此建设新型课程资源。OBE 理念的三大原则之一，即以学生为中心。因此，首先要分析学情，主要包括 VARK 学习风格调查、学生学习课程问卷调查及学生专业基础学习情况调查三个方面。（教学设计的理念）

本课程选取了西安电子科技大学出版高西全、丁玉美老师编写的教材《数字

信号处理教程》，该教材是普通高等教育规划教材，符合应用型本科的教学要求及学生学情。（教材的选取及依据）

本课程的教学内容，主要包括两大模块，即数字谱的分析及数字滤波器设计；支撑性的理论基础是三大变换（Z 变换、DFT 及 FFT），这是课程的重点。难点内容主要有 FFT 的实现及应用，两类滤波器的设计及三大变换的原理与关系等。为了在教学过程中突出重点，化解难点，一方面，引入了梅丽尔五星教学法，即以问题为中心，完成激活旧知，示证新知，应用新知，直至融会贯通的知识建构过程。其次，选择教师的科研项目作为案例引入教学，并自主研发教学辅助软件用以破解难点。本课程目前采用的考核评价，采用综合性多维度，过程性评价与终结性评价方式相结合。（教学内容、重难点分析及解决策略）

本课程的教学环境主要融合线下与线上两类。线上教学环境，主要包括网络课程平台与移动学习平台两大块。线下教学环境主要依托与 NI 合作的校企联合工程中心，自主开发了基于 LabView 的实验系统及教学辅助软件平台。（教学环境）

本课程将梅丽尔五星教学法引入教学过程，下面以采样定理一节为例作说明。这是五星教学法的基本框架，将整个教学环节分为聚焦问题、激活旧知、示证新知、尝试应用和融会贯通五个部分。首先创设情境，以教师的科研项目成果为载体，引入学生对采样在工程实践中的应用问题。接下来，通过正弦波五点法反演，结合采样器的选型等，对已有的知识进行梳理。在通过辅助软件进行正反例演示的基础上，分析采样及其原则，聚焦要解决的重点问题，展开后续对解决问题的讨论。获取新知，主要包括采样定理、恢复方法及实际采样三大块。通过教师讲授、演示、师生互动等环节加强对理论的理解。利用辅助教学平台，学生对矩形波信号的采样与恢复进行测试与分析，以达到应用新知的目的。（微观教学设计）

通过对工程实际案例进行演示与体验，启发学生思考，融会贯通，体会精益求精大国工匠精神之实质，并进行总结。同时，布置课后拓展作业。（微观教学中思政点的体现）

（4）特色与创新之处：此部分实际上是对整个课程建设现状的小结，可从教学内容、教学资源与环境、教学方法及教学评价等方面挖掘课程建设中的可取之处，一般总结特色与创新点不宜过多。此外，也可以针对每一创新点，陈述反思的内容。限于说课的时间长度，这些内容可以通过 PPT 展示，可不在说课稿的文字中出现。例如：

本课程的特色之处，主要有三个方面：1）建立"两融合矩阵"，更新课程教学内容，建立教师在雷达信号处理、语音信号处理方面的科研项目成果与课程内容的融合矩阵；建立具体的知识点与哲学辩证思维等思政元素的融合矩阵；

2) 引入"五星教学法"，改善课堂教学生态，在"聚焦问题"的教学宗旨下，通过激活旧知、示证新知、尝试应用和融会贯通四阶段循环圈的递进迭代，全过程融入思政元素，以改善课堂教学生态；3) 构建"口袋实验室"，提升学生实践能力，自主研发了基于 LabView-MyDAQ 的课程"口袋实验室"，拓展了实践教学的时空范围，可利用该平台引导学生进行自主学习与研究性学习，提高实践创新能力。（分别从教学内容、教学方法与实践教学资源三个方面进行了总结，对应的反思点可为产教鸿沟的缩小、学生自主学习能力的提高、实体实验与虚拟实验的一体化等。因时间所限，反思点可在 PPT 上显示，不一定读出）。

（5）教学效果的评价：教学效果评价是对"教得怎么样"的回答。一般可从以下几个方面来说明：其一，教学团队近年来学生评教的情况；其二，学生的学业产出情况，如与本课程相关的学科获奖、学生的创新能力产出等；其三，学生对课程满意度的调查数据；其四，业内同行的评价。举例如下：

教学效果评价，主要从三个方面来看，一是学生评教，近三年来，课程组教师的学生评教成绩最低分为 91.757，最高分为 94.785；二是学业产出，近三年来，本课程受教学生省级以上竞赛获奖 34 项，立项省级大创项目 8 项，授权实用新型专利和软著 12 项，发表论文 5 篇，获省优毕业论文三等奖 1 项；三是就课程的实施对学生进行问卷调查。结果表明：学生对课程教学与改革具有较高的认可度，课程本身对学生考研专业课与面试等大有助力。同时，我们积极与某大学等高校同行及用人单位进行交流，首批国家级一流本科课程某某课程负责人某某教授，某大学某教授等均对本课程建设的思路与做法均予以正面评价，同时也提出一些有价值的改进意见，这为我们进行持续改进提供了依据。

（6）结束语：此处，可结合教育部的最新政策、教学研究领域的热点及本课程的自身状况，对下一步拟开展的课程建设与改革思路进行简要的阐述。例如：

各位专家，在"数字信号处理"课程建设中，我们已经有了良好的开端，我们将根据《教育部关于一流本科课程建设的实施意见》中对一流本科课程的要求，以金课"高阶性、创新性、挑战度"为基本原则，以"产教融合、校企合作"为建设路径，以"信息化+教学"为根本策略，结合本课程现有的建设基础，进一步提升课程建设水平，为学生服务，为培养应用型优秀人才提供支撑。

显然，说课稿只是说课视频制作的文本，视频制作需要的是较完整的脚本。因此，实际在制作还要注意以下几点：其一，时间的控制，一般要求 5~10min 的时长，因此，文稿的字数要精确控制，正常语速下 200 字每分钟；其二，PPT 的制作，PPT 制作时要提供图表类的素材，不宜出现大段文字，且要注意字体的统一、美观、清晰，流程图、框图需要用 Visio 等专业软件绘制；其三，文稿、PPT 及视频的协同。在视频拍摄时，通常文稿的语音是先制作，后期视频制作人员进行合成。所以,视频制作完成后,可认真检查文字、语音及视频的同步。同时,有些课程申报中对课程负责人出镜的时长有要求,这也是说课视频制作中应注意的问题。

附录 B 的参考文献如下。

[1] 王存宽. 说课——现代教学理论的有效体现 [J]. 教育探索, 2000 (8): 45-46.

[2] 陈琼. 以说课的形式探讨高职宠物美容技术课程的教学方案设计 [J]. 黑龙江畜牧兽医, 2015 (22): 191-193.

[3] 官运和. 说课与师资培训 [J]. 江西教育科研, 2006 (4): 38-39.

[4] 任宝贵, 陈晓端. 说课与教师专业发展 [J]. 教育科学研究, 2009 (2): 69-71.

[5] 宋崔. 说课与教师知识建构 [J]. 课程·教材·教法, 2012, 32 (4): 120-124.

[6] 孙静华. 以说课为例谈磨课与教师教学能力的提高 [J]. 中国职业技术教育, 2012 (32): 60-62.

[7] 王锡耀. 高职"说课"重在研究和探讨 [J]. 教育与职业, 2011 (14): 188-189.

[8] 余宏亮, 石耀华. 论作为教师课程理解的说课及其心理转换 [J]. 课程·教材·教法, 2013, 33 (6): 22-27.

[9] 俞琦, 田维毅, 王平. 病原生物与免疫学说课探讨 [J]. 中国病原生物学杂志, 2015, 10 (6): 580-582.

附录 C　混合教学中课程思政教学设计案例分析

2021 年 11 月，在高校教师课程思政教学能力培训班开班仪式上，时任高教司司长吴岩指出：在高等学校教学中，80% 以上是专业课程，学生学习时间的 80% 以上用于专业学习。因此，专业课教学是课程思政的主战场，在专业课程混合教学的实施过程中，课程思政的教学设计是一个不可或缺的环节。此处，基于 BOPPPS① 这一混合教学设计框架，考虑在教学过程中的各阶段融入课程思政点的策略，形成课程思政的教学设计方案，并以"短距离无线通信"中的"直接扩频序列"单元为例，给出具体的设计案例。

（1）基于 BOPPPS 的课程思政教学设计的基本框架（见附图 C-1）。

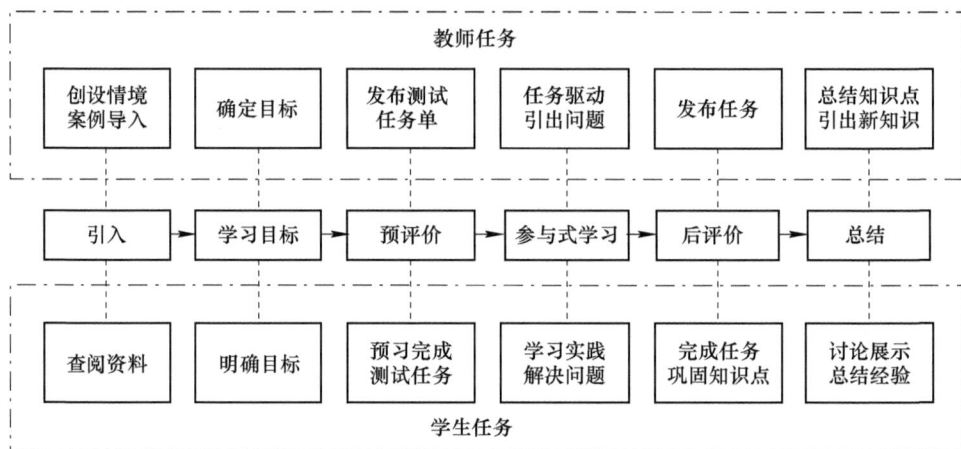

附图 C-1　基于 BOPPPS 的课程思政教学设计框架

基于 BOPPPS 的课程思政教学设计的基本框架共由六个环节构成，即引入（Bridge-in）、学习目标（Objective）、预评价（Pre-assessment）、参与式学习（Participatory Learning）、后评价（Post-assessment）、总结（Summary）。各环节的内涵说明如下。

1）引入：该环节是在设置与所讲述课程知识点相关的情境过程中融入课程思政点，有选择地运用微课、动画、图片、文档等多种形式的教学资源，导入课程内容，激发学生的学习兴趣。

2）学习目标：该环节是让学生明确本节课的学习目标，即学生通过学习应达到的预期水平。学习目标除了知识目标和能力目标外，还需要包含每节课思政

---

① 周伟，钟闻. 基于 BOPPPS 教学模型的内涵与分析 [J]. 大学教育，2018（1）：112–115.

教学的目标，可通过 PPT 方式进行展示。

3）预评价：该环节是有效开展课程思政教学活动的前提。该环节不仅可以帮助教师更加深入地了解学生学情，及时调整教学内容和节奏；还可以通过具体的测试或任务督促学生认真进行预习，帮助学生及时发现知识盲点，并尽快融入新知识、新技能的学习中。

4）参与式学习：此环节，教师可以根据预评价实施情况，了解学生掌握预备知识的程度，通过讲授、演示、讨论、案例分析、完成项目等多种方式有针对性地进行讲解。学生通过学习实践和解决问题不断更新自己的认知，实现对已有知识的重构。

5）后评价：后评价的实施时间可以根据实际情况灵活调整，可以安排在课中或课后，利用问答、测试、分组实验等多种方式，来评估每次课的预期目标是否达成。通过比较预评价和后评价的结果，观察学生学习前后的变化。

6）总结：总结环节教师引导学生总结知识点，分析整个课程思政教学设计在实施过程中是否存在需要改进之处，反思是否达到了既定的教学目标。同时承上启下，为后续的学习内容打好基础。

（2）案例分析。

"短距离无线通信"是国家电子信息工程技术专业教学标准中指定的专业拓展课程。近年来，随着物联网产业的发展，作为数据传输层的关键技术——短距离无线通信技术也凭借其灵活性、低成本、低功耗等优势被广泛关注。产业的发展对人才的培养提出了更高的要求。不仅要实现专业知识的传授，更要从专业课程教学中挖掘、提炼思政元素，将思政元素融入专业课程的教学过程中，充分发挥专业课程教学过程中的育人价值。

以"短距离无线通信"课程中的教学单元——直接序列扩频为例，简要介绍基于 BOPPPS 的课程思政教学设计的基本步骤。采用实验教学，在移位寄存器、逻辑门知识等已学数字电路知识的基础上，利用 MATLAB Simulink 仿真软件搭建扩频通信系统模型，并且编写简单程序来验证所学知识点，以激发学生的学习兴趣，改善教学效果。"直接序列扩频"这一教学单元的基本概况见附表 C-1。

附表 C-1　知识点基本概况

序号	教学要素	内 容 与 说 明
1	实验内容与任务	直接序列扩频技术是无线局域网物理层关键技术，此处将基于 MATLAB 仿真实验，通过 PN 码序列生成、扩频模型建立等环节实现直接序列扩频，并进一步对扩频前后序列进行时频域分析。通过实验帮助学生加深对于扩频通信的理解和内化。

序号	教学要素	内 容 与 说 明
1	实验内容 与任务	1. 实验内容 （1）掌握利用移位寄存器产生 PN 码序列的方法，理解生成 PN 码序列的 MATLAB 代码的编写。 （2）掌握直接序列扩频的实现原理，利用 Simulink 工具搭建直接序列扩频通信系统模型。 （3）对扩频前后的序列进行时域和频域分析，理解扩频通信的内涵。 2. 实验任务 基础任务： （1）掌握利用移位寄存器产生 PN 码序列的方法，完成产生 PN 码序列的代码调试。 （2）基于 Simulink 工具完成直接序列扩频通信系统模型搭建，并进行扩频通信系统的调试仿真。 （3）能够通过信号的时、频域分析，理解其时域波形特点及频谱变化，进而加深对扩频通信内涵的理解。 3. 拓展任务： 重新设计 PN 码序列生成电路，对已有 PN 码序列生成代码加以修改，产生新的 PN 码序列
2	实验过程 及要求	本实验分为课前准备、课堂实战和总结反馈三个阶段。 （1）课前准备阶段：实验前需要熟悉 MATLAB 仿真软件的使用，能够理解简单代码的含义，并学习利用 Simulink 搭建控制系统模型的方法。 （2）课堂实战阶段。 1）基础任务：掌握利用移位寄存器产生 PN 码序列的方法，完成产生 PN 码序列的代码调试；基于 Simulink 工具完成直接序列扩频通信系统模型搭建，并进行扩频通信系统的调试仿真。对扩频前后的序列进行时频域分析，理解其时域波形特点及频谱变化。 2）拓展任务：对已有 PN 码序列生成代码加以修改，产生新的 PN 码序列。 （3）总结反馈阶段：结合实验过程和实验结果进行总结，撰写总结报告，结合所学理论，加深对扩频通信的理解和内化
3	相关知识 及背景	本实验是运用数字电路相关知识实现对扩频系统研究和分析的综合案例。需要具有数字电路中移位寄存器、逻辑门工作原理等知识储备，能利用 MATLAB 编写简单的程序，并搭建系统模型，进而通过信号处理中的时频域分析，加深对扩频通信内涵的理解
4	实验环境条件	本实验具体的环境说明如下。 （1）实验平台：本实验为仿真实验，实验平台为 MATLAB 仿真软件，实验时将进行简单的 MATLAB 代码读写及 Simulink 软件包操作。 （2）实验条件：教师在课前需要下发 MATLAB 相关资料，给出操作说明，让学生在课前进行资料学习的基础上能熟悉 MATLAB 仿真软件的简单使用

序号	教学要素	内 容 与 说 明
5	实验目的	以数字电路中移位寄存器、逻辑门知识以及信号分析方法为基础，培养学生利用 MATLAB 仿真软件搭建扩频通信系统模型及编写简单程序的能力，提高学生对于信号时频域的分析能力，加深学生对扩频通信内涵的理解
6	实验原理	本实验过程包含生成 PN 码序列，搭建直接序列扩频通信系统模型，以及信号时频域分析 3 部分，每部分各占 1 课时，共计 3 课时，具体如附图 C-2 所示。 附图 C-2　实验流程图 （1）PN 码序列的生成。 　PN 码的类型有多种，其中最大长度线性移位寄存器序列（简称 m 序列）性能最好，在通信领域有着广泛的应用，如扩频通信、卫星通信的码分多址（CDMA），数字数据中的加密、加扰、同步、误码率测量等领域。m 序列的最大长度决定于移位寄存器的级数，若 n 为级数，则所能产生的最大长度的码序列为 $2^n - 1$ 位。因此，如果要生成 7 位 m 序列，可以通过 3 级移位寄存器线性反馈组成的 PN 码序列实现，如附图 C-3 所示。 附图 C-3　基于多级移位寄存器的 PN 码序列生成电路 （2）直接序列扩频通信。 　直接序列扩频系统仿真电路如附图 C-4 所示，具体包括信源模块（Bernoulli Binary Generator）、扩频码产生模块（PN Sequence Generator）、扩频模块以及示波器。

序号	教学要素	内 容 与 说 明
6	实验原理	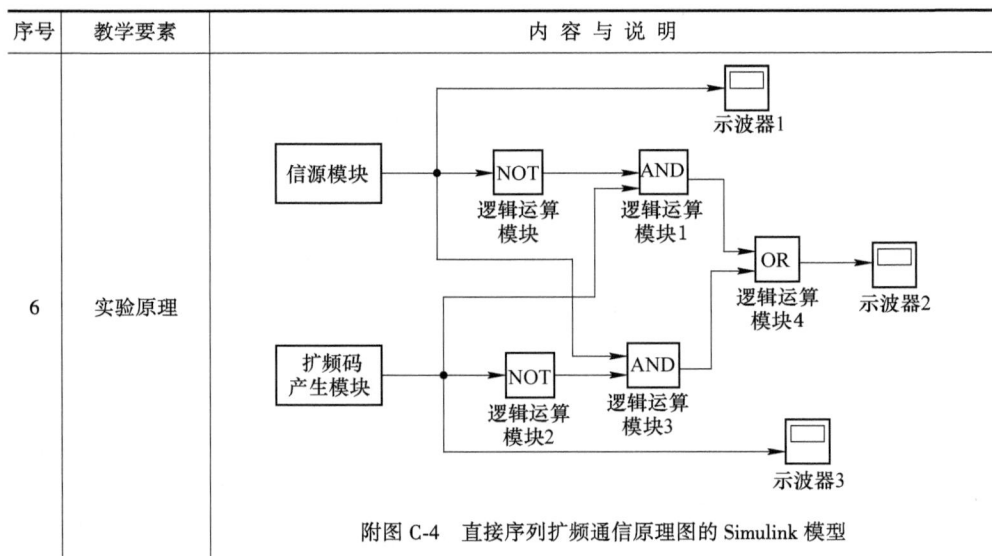 附图 C-4　直接序列扩频通信原理图的 Simulink 模型

以附表 C-1 中知识点基本概况为基础，根据 BOPPPS 的 6 个环节设计，结合课程的内容及课程思政元素，进行教学设计，具体见附表 C-2。

附表 C-2　基于 BOPPPS 的课程思政教学设计案例

教学环节	完成阶段	教学内容设计	思政点
引入	课前	（1）教师通过 SPOC 平台发布微课视频、MATLAB 操作指导材料等素材，并布置实验内容，下达实验任务。 （2）学生学习"神舟十三号飞船返回舱成功着陆"视频和"扩频通信技术"微课视频。进而根据老师下发的 MATLAB 相关资料，熟悉 Simulink 软件包的使用方法，尝试编写简单的 MATLAB 程序	（1）通过学习"神舟十三号飞船返回舱成功着陆"视频，让学生了解扩频通信技术的重要性，提升他们的专业认同度和职业自豪感。 （2）通过"扩频通信技术"微课视频让学生了解我国通信技术从跟跑、并跑到领跑的发展历程，激发他们的民族自豪感
学习目标	课前	（1）知识目标：理解扩频通信技术的内涵，能够通过信号时域波形及频谱特点分析扩频通信的原理。 （2）能力目标：能够利用 MATLAB 中的 Simulink 软件包搭建直接序列扩频系统模型，理解 PN 码序列生成代码，并在此基础上尝试修改关键参数产生新的 PN 码	（1）能力目标的达成能够引导学生掌握科学研究通常所使用的"理论联系实践"方法，提升学生发现问题、分析问题、解决问题的能力

教学环节	完成阶段	教学内容设计	思政点
学习目标	课前	（3）素质目标：通过了解我国通信技术的发展历程激发学生的民族自豪感和学习兴趣，通过 MATLAB 仿真工具证实并理解理论知识，培养学生实事求是的研究精神和精益求精的工匠精神	（2）素质目标体现了对学生思想观念、科学素养、职业素养的培养目标
预评价	课中	（1）教师对学生进行分组，并指定组长。而后提出"通过编写代码产生一个正弦波信号""利用 Simulink 搭建简单的电路"等几个基本的 MATLAB 仿真任务，各小组抽签完成其中一个任务。 （2）学生以小组为单位完成老师布置的仿真任务，进一步熟悉 MATLAB 代码编写及 Simulink 电路搭建。每组推选代表进行任务汇报	本环节通过小组合作完成课堂任务的方式，培养学生的团队合作意识，引领学生正确看待个体与整体之间的辩证关系
参与式学习	课中	（1）集中讲授。复习回顾先修课程中所学的信号时域波形和频谱概念，以及两者之间的关系。讲授扩频通信的概念，并介绍基于移位寄存器的 PN 码序列生成电路，以及直接序列扩频的实现电路。 （2）生成 PN 码序列。给学生一段 PN 码序列产生代码，引导学生结合前述的移位寄存器电路，理解代码中主要参数的含义，并运行程序，产生 PN 码。具体步骤如下。 1）编写代码画出 m 序列时域波形； 2）根据信号频谱及自相关函数的定义，编写代码，画出 PN 码序列的频谱； 3）画出 PN 码序列的自相关函数波形。 （3）利用 Simulink 软件包搭建直接序列扩频系统。根据直接序列扩频的实现电路，合理选择 Simulink 中的逻辑门，搭建扩频通信系统，实现直接序列扩频。 （4）信号时频域分析。为加深学生对于信号时域和频域分析的理解，同时也使学生对于扩频通信系统具有更加透彻的理解。引导学生依次解答以下 3 个问题： 1）系统输出信号的频谱是否得到了扩展？ 2）扩频系统的传输速率是否得到了提高？ 3）解扩电路是否可以恢复出原始信号	（1）由旧知引出新知的过程，启发学生们体验事物之间是普遍联系的这一哲学道理，同样课程之间也是相互联系、相辅相成的。 （2）实验操作环节让学生自己尝试不同的电路设计会得出不同的结果，培养学生实事求是的工匠精神。 （3）信号时频域分析环节，不盲目灌输，引导学生根据已学知识开展思考，通过自己的思考形成正确的观点，培养他们分析问题、归纳问题的能力

教学环节	完成阶段	教学内容设计	思 政 点
后评价	课后	（1）如果要产生 31 位 PN 码序列，可以怎样设计 PN 码生成电路？请将原始代码中的参数及部分语句加以修改，生成与你设计的 PN 码生成电路相匹配的 PN 码序列。 （2）如果基带数据速率为 1Mbit/s，则经过 15 位 PN 码序列扩频后数据速率可以达到多少	（1）授课后及时巩固知识点，培养学生温故知新的学习习惯。 （2）引导学生在已学知识的基础上进行创新，通过实践巩固新知，并进行知识迁移
总结	课后	（1）老师对本次课的要点进行梳理和总结，对参与式学习环节和后测环节所反映出来的问题进行分析。 （2）学生和老师一起讨论实验过程中存在的不足和需改进的地方。 （3）分析学生对本节课的改进建议，修改 BOPPPS 的 6 个教学环节，以期进一步改善课程的教学效果	培养学生善于发现问题、及时解决问题的科学研究习惯

附录 D　基于首要教学原理的混合教学模式设计应用案例分析——以"数字频谱分析"为例

此处，以"数字信号处理"课程的一个重要内容，即数字频谱分析一节作为对象，应用首要教学原理，结合 MATLAB 实时脚本进行微观教学设计。在教学设计过程中，主要考虑两点：第一，理论与实践相结合，加深对数字频谱分析理论的认识。教学过程的理论讲授之后，及时进行仿真实验的演示或训练，加强学生的理解力，做到"知道数字频谱"。考虑到实际理论课时有限，不可能有太多的时间让学生编代码，所以拟将 MATLAB 实时脚本作为实践的工具。事先，在网络课程平台上传好相应的案例代码，让学生自行预习。第二，要掌握数字频谱中特定频率分量的读取、估计的方法，做到"看懂数字频谱"。"知道"与"看懂"之间的差距产生原因，在于没有实践的介入。重点通过对复信号、实信号及由实信号转换成的复信号时频域波形的观测，深入了解三者之间差别及产生的原因；同时，要学生会看数字频谱。所谓会看，是指知道最高频率在哪？离散频率间隔是多少？感兴趣的频率点在哪里？估算的频率是多少？与真实之间的差距是多少？如何减少这种误差？这些问题如果能解决，说明学生已经可以看懂数字频谱，达到了教学目标。

下面按照课前、课中、课后三个阶段，分别对教学设计中首要教学原理的五个环节的具体安排进行简要说明。

（1）课前：通过移动学习平台布置自主学习任务，让学生调研电子情报分析的内容及基本任务，以及 DFT 在电子情报分析中的作用。引导学生从 DFT 在频率估计、雷达信号识别中的应用等角度出发，让学生在知网检索并下载教师指定的文献，阅读并概括论文的主要工作。这些是提高科学素养的切入点，也是课程思政点。

（2）课中：按聚焦问题、激活旧知、示证新知、尝试练习及融会贯通五个步骤进行教学设计。

1）聚焦问题：在选择并确定本节课对应的问题时，考虑到将问题定义在特定的情境中，以体现问题及其解决方案与现实的联系。因此，此处所创设的情境也与电子战中的情报分析有关，与课前的布置任务相承。下面是对提出问题的教学策略。

首先，进行情境陈述。以某年某国撞机事件为背景，提及国外雷达装备了指纹识别器，这种技术通过长期情报的积累，能达到识别装载在特定武器平台上同批次不同型号雷达的功能，可提高电子干扰与军事打击的精准度，具有重要的国防价值。

其次，回归技术要点。该技术实现的前提就是要提取雷达的"指纹"特征。而雷达的包络是一种重要的指纹特征，但精确的包络提取有赖于高性能的消噪滤波算法。课题组在前期研究中，提出一种基于 DFT 的简易滤波方法。具体做法如下：第一步，对接收信号进行离散采样得到 $x(n)$；第二步，对 $x(n)$ 做 N 点 DFT，得到 $X(k)$；第三步，设计带通滤波器 $H(k)$；第四步，令 $X'(k)=H(k)X(k)$，对 $X'(k)$ 做 N 点 IDFT，得到 $x'(n)$。此处，给学生一个提示，这个方法的本质就是 DFT。

再次，演示算法的效果。附图 D-1 所示分别为某信号在 $SNR=6\mathrm{dB}$ 时，消噪滤波前后包络波形的对比。由图可见，该滤波方法的滤波效果很好，经滤波后的包络波形清晰，且细节也得到了较好的呈现。方法极其简单，仅需通过 1 次 DFT 和 1 次 IDFT 变换来实现。

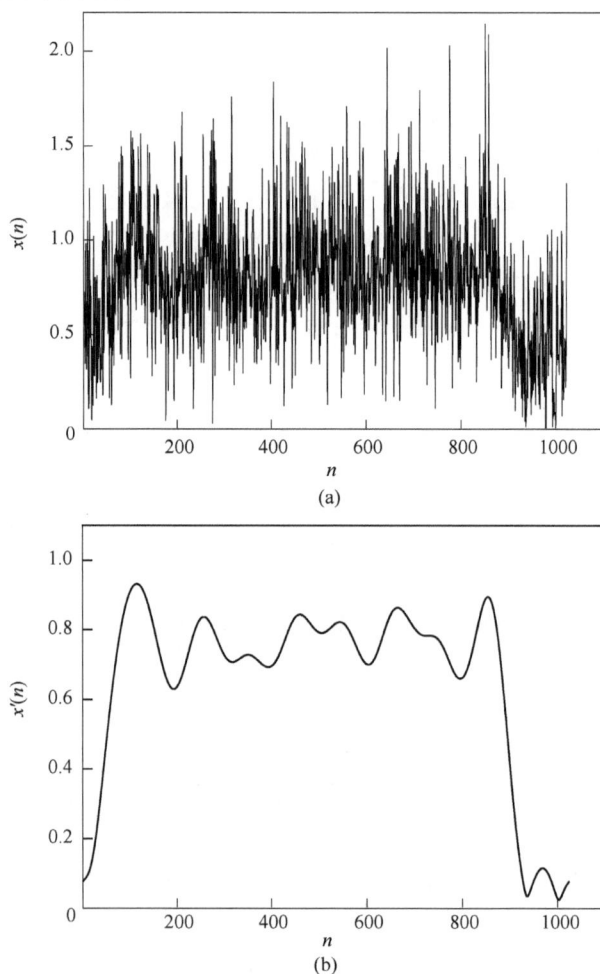

附图 D-1　噪声中的信号包络与消噪后的信号包络波形对比示意图

最后，引出本节的问题并进行引导。引导学生通过对图示滤波效果的分析、观察、思考：

①为什么 DFT 能有这么大的魔力，可以将有噪声的信号进行消噪处理？

提示：图中所用的信号是一个正弦波信号，其频谱为线谱。因此，与噪声的宽带特性有明显的区别，上述滤波的技术本质在于，设置一定的带宽，将带外噪声全部置零，而后通过反变换，得到了消噪后的干净、光滑的信号。

②DFT 的另一个功能是可以描述信号的数字频谱，怎样才能从频谱图中辨识出相应的频率呢？

提示：滤波的功能是一个大尺度的处理，而 DFT 在小尺度信号处理中，如频率的估算中也有应用。但实际信号往往是连续且长度不确定的，要对这样的信号进行数字化频谱分析，要先经过采样、截断操作才能做 DFT，这些处理会不会带来什么技术问题，如何解决这些问题？这是另一个重点。

2）激活旧知：复习时域采样、频域采样定理，并回忆矩形序列的 DTFT 是什么？复习这些旧知的目的是便于学生理解模拟信号数字频谱分析的各环节之间的相互关系。

3）示证新知：讲解模拟信号数字频谱分析的过程，要点如下。

①模拟信号用 DFT 做频谱分析要包括时域抽样、时域截断、频域抽样三个环节。三个环节的意义何在？将对时频域信号产生什么影响？

②用 DFT 对模拟信号做谱分析时各参数的选择，如采样频率、信号长度、离散频率间隔、频率分辨率。

③数字频谱分析过程的三个问题，即频率混叠、栅栏效应及频谱泄漏产生原因及解决方案。

④频率分辨率的概念，物理分辨率与视在分辨率的异同。

教师可演示运行程佩青老师编写的《数字信号处理教程（第五版）》教材附带的 CAI 教学辅助软件，输入相应参数，动态观察 DFT 对 FT 逼近的全过程。也可要求学生与老师一起，共同通过 CAI 教学辅助软件，通过对参数的调节，进一步了解参数选择对频谱分析的影响，并深入体会三个问题的缘由与解决之道。

在讲解时还可以根据教学时间及需要，结合前述正弦波信号滤波的实例对频率混叠等问题的讲解，可以借助如下例题：设有单频周期信号 $x_a(t) = \cos(2\pi f_0 t)$，$f_0 = 1\text{kHz}$，试用 DFT 分析它的频谱。讨论以下三种情况。

①截取数据长度为 6（即截取一个正弦周期的长度）；

②截取长度不是正弦序列的周期的整数倍；

③未知信号的周期时信号的截取方式。可结合程佩青老师的《数字信号处理教程（第五版）》中第 207 页例 3.1 讲解。

4）尝试练习：此处拟以正弦波的频率测量为例，利用 MATLAB 的实时脚本，设计两种难度的练习任务（即低阶任务、变式任务），作为尝试练习的学习载体，使学生在实际工程场景中深入理解正弦波信号的数字频谱及其辨识。在MATLAB 的实时脚本环境中，其语法与 m 文件定义的 MATLAB 代码相比，可将代码与运行结果在同一页面显示，具有较好的交互性。在代码运行中若出现错误，还会出现智能化的错误信息提示及自修复能力，便于课堂演示与实践体验。

①低阶任务：输入复正弦信号与复高斯白噪声的混合信号，测算信号频率。要完成的具体任务包括信号的建模、频谱的计算及频率点的估算等，具体实施步骤如下：

第一步，绘制加噪正弦波的时域波形。所用 MATLAB 实时脚本为：

```
% 基本参数的设定
Fs=1000;           %设置采样频率
T=1/Fs;            %计算采样间隔
L=1300;            %设置信号样本的长度
t=(0:L-1)*T;       %时间向量,用于横坐标
L0=L;              %DFT 的点数设定
```

%产生由不同频率与不同幅度合成的双频复正弦波:50Hz,幅度为 10;120Hz,幅度为 2.

```
S=10*exp(1i*(2*pi*50*t))+2*exp(1i*(2*pi*120*t));%产生复正弦波
S0=S;
N=sqrt(10^2+2^2)*randn(1,L)+1i*sqrt(10^2+2^2)*randn(1,L);%产生复高斯白噪声
S=S+1*N;%生成噪声与信号的合成信号
plot(real(S(1:100)));%绘制前 100 个点的实部波形
```

高斯白噪声背景下的双频正弦波信号时域波形如附图 D-2 所示。

可以引导学生观察，该时域波形受噪声污染较为严重，难以看出是两个正弦信号的叠加，更无法估算其频率的大小。

第二步，对信号进行 DFT 运算，得到数字频谱。具体的 MATLAB 实时脚本为：

```
FF_S=fft(S);%对输入信号计算 DFT,在 MATLAB 中 fft 函数实际上计算
DFT,其点数缺省状态下,就是信号的长度,不一定是 2 的整次幂
FF_S=abs(FF_S);%取幅度谱
stem(FF_S);xlabel('频率');ylabel('幅度');%绘制幅度谱
```

上述实时脚本的运行结果如附图 D-3 所示。

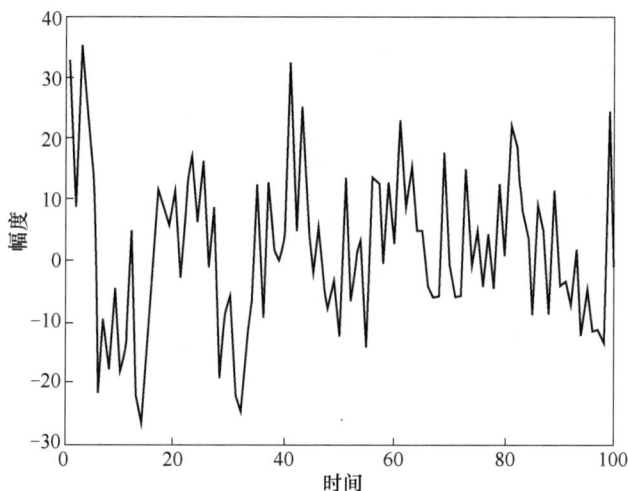

附图 D-2　高斯白噪声背景下的双频正弦波信号时域波形

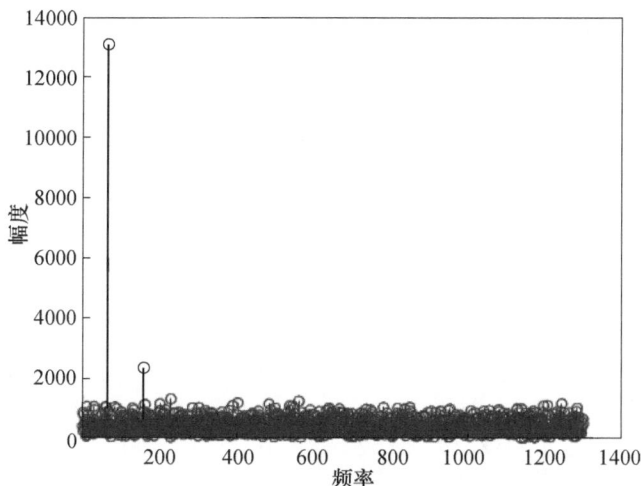

附图 D-3　高斯白噪声背景下的双频正弦波信号的幅度频谱图

由图可见，在两个设定的频率处存在相应的线谱，但幅度一大一小，这与前面的设定是吻合的。

第三步，通过交互式代码，估算信号的频率，具体为：

DF=Fs/L;%计算离散频率间隔

DF=0.7692 %结果输出，也是频率分辨率

[m0,n0]=max(FF_S);%计算频谱的第一个峰值

f0=(n0-1)*DF;%计算第一个频率分量的估计值

f0 = 50 ％输出频率估计值的结果

FF_S(n0) = 0;％将最大谱线处的值置零，为搜寻第二个频率点作基础

[m1,n1] = max(FF_S) ％找出第二个频率的位置

m1 = 2. 3426e+03　　　　　 ％输出最大值

n1 = 157　　　　　　　　 ％输出最大值位置

f1 = (n1−1) ∗ DF　　 ％估算第二个频率

f1 = 120　　　　　　 ％显示第二个频率

②变式任务：输入实正弦信号与实高斯白噪声的混合信号，测算频率，并比较实信号与复信号频谱的差别。

%%%%%%%% 实信号情形
S = 10 ∗ cos(2 ∗ pi ∗ 50 ∗ t) +2 ∗ cos(2 ∗ pi ∗ 120 ∗ t);
N = sqrt(10^2+2^2) ∗ randn(1,L);
S = S+1 ∗ N;
%%%%%%% 计算其数字谱
FF_S = fft(S);％作 DFT 变换
FF_S = abs(FF_S);％取模,获得幅度谱
plot(FF_S);％绘制幅度谱
xlabel(´频率´);ylabel(´幅度´);

高斯白噪声背景下的双频实正弦波信号的幅度频谱图如附图 D-4 所示。

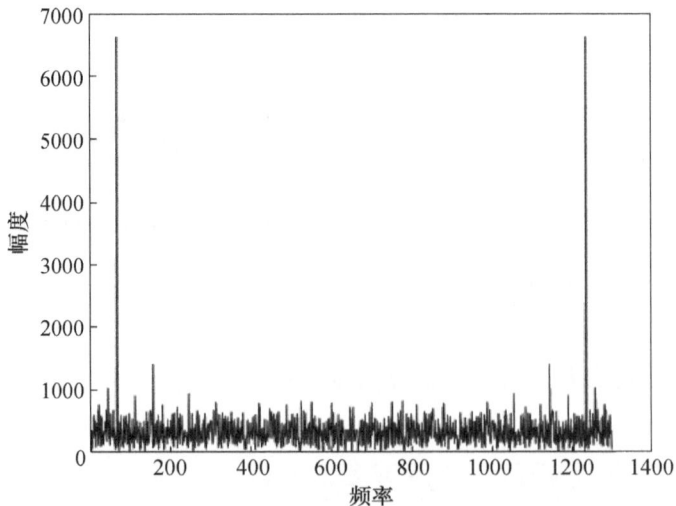

附图 D-4　高斯白噪声背景下的双频实正弦波信号的幅度频谱图

DF = Fs/L %计算离散频率间隔

DF = 0.7692 %输出离散频率间隔结果

[m0,n0] = max(FF_S(1:L/2)); %寻找第一个频率点的位置

m0 = 6.6285e+03 %输出最大值

n0 = 66 %输出最大值的位置

f0r = (n0-1) * DF;%计算第一个频率点的估计值

f0r = 50;%输出第一个频率点的估算值

FF_S(n0) = 0;%将第一个频率处的值置零

[m1,n1] = max(FF_S(1:L/2)) %寻找第二个频率点的位置

m1 = 1.4128e+03 %输出第二个峰值

n1 = 157   %输出第二个峰值的位置

f1r = (n1-1) * DF %计算第二个频率的估计值

f1r = 120   %输出第二个频率的估计值

5）融会贯通：师生共同完成如下进阶任务，即将实正弦信号与实高斯白噪声的混合信号，通过希尔伯特变换，转换成复信号的形式，并观测其与前述两种情形的差别。同时，利用转换得到的复信号再进行频率辨识与估算。相应的MATLAB实时脚本为：

```
%%%%%% 由希尔伯特变换，将实信号转换成复信号
S = 10 * cos(2 * pi * 50 * t) + 2 * cos(2 * pi * 120 * t);%实信号
N = 0.2 * sqrt(10^2+2^2) * randn(1,L);    % 实高斯白噪声
S = S+N;                        %实信号与实高斯白噪声的混合信号
S1 = hilbert(S);                %希尔伯特变换，将实信号转换成复信号
FF_S = fft(S1);                 %计算 DFT
FF_S = abs(FF_S);               %计算幅度谱
plot(FF_S);                     %绘制幅度谱
```

高斯白噪声背景下的双频正弦波信号的希尔伯特变换的幅度频谱图如附图 D-5 所示。

```
%%%% 下面的实时脚本与附图 D-5 类似，故不作说明
DF = Fs/L
```

DF = 0.7692

```
[m0,n0] = max(FF_S);
f0h = (n0-1) * DF
```

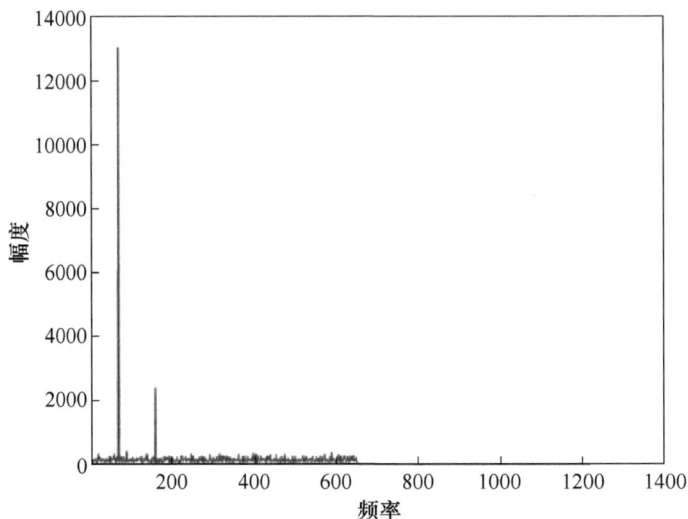

附图 D-5　高斯白噪声背景下的双频正弦波信号的希尔伯特变换的幅度频谱图

f0h = 50

FF_S(n0) = 0;

[m1, n1] = max(FF_S)

m1 = 2.7507e+03

n1 = 157

f2h = (n1−1) ∗ DF

f2h = 120

　　通过教师在课堂现场演示或学生在教师指导下自己在 MATLAB 中编写代码、调试运行，观察运行结果。而后提出几个问题：①经过希尔伯特变换得到的复信号与前述低阶任务中产生的复信号有何区别？为什么存在这个区别？②如果被观测信号的频率不在离散频率间隔的整数倍上，频率估计会不会产生误差，如何解决？

　　（3）课后：针对前述的两个问题，第一个问题的解决需要让学生了解希尔伯特变换的实际步骤，可引导学生自行查找 MATLAB 中 hilbert 这个函数的调用方法；第二个问题，引导学生去查阅相关学术论文（邓振淼，刘渝，王志忠. 正弦波频率估计的修正 Rife 算法 [J]. 数据采集与处理，2006，21（4）：474-477）。其目的在于，让学生进一步了解数字谱分析中的前沿问题，培养学生的科学意识，提高其检索文献的能力。

结合前述分析，下面以"数字信号处理"课程中"数字频谱分析"一节为例，基于首要教学原理的混合教学模式进行微观教学设计，具体见附表 D-1。

附表 D-1 "数字信号处理"中"数字频谱分析"教学设计

教学任务	数字频谱分析	授课课时	1 课时
授课班级	19 级电子信息工程	授课时间	2020.2
授课地点	4 号科技楼 401-1 多功能实验室（多媒体投影、电子白板、一人一机网络教室）	授课形式	讲授
参考教材	高西全、丁玉美，"十一五"国家级规划教材《数字信号处理》第四版		
其他资源	课程网络学习平台、"雨课堂"（或超星学习通）		
教学目标	1. 知识与能力目标： 1）理解模拟信号数字频谱分析过程中各环节的作用及相互之间的时频域关系。 2）能够运用 DFT，分析实际信号的数字频谱，并能在 MATLAB 环境下，正确辨识、估算正弦信号的离散频率。 3）掌握数字频谱分析过程中的频谱混叠、栅栏效应及频谱泄漏等现象产生的原因及解决的措施，深入理解频率分辨率的概念。 2. 课程思政目标：借用时间分辨率与频率分辨率之间的矛盾关系，引导学生形成辩证的哲学思维与科学意识		
教学重点	1. 数字频谱分析的基本步骤。 2. 频谱混叠、栅栏效应及频谱泄漏等现象产生的原因及解决的措施		
教学难点	1. 辨识、估算正弦信号的离散频率。 2. 辨析数字频谱分析中物理分辨率与视在分辨率的关系		
学情分析	本次课的教学对象为四年制本科二年级的学生，具备一定的电路、信号与系统的基础知识及 MATLAB 软件的使用技能，但工程意识与工程经验不足		
教学方法	1. 体现 OBE 理念，强调培养学生解决复杂工程问题的意识与能力，强调以学生为中心。 2. 拟根据现有课程资源及实验室条件，引入首要教学原理，并恰当融入课程思政点。 3. 综合运用学习通等移动学习平台、MATLAB 实时脚本及 CAI 软件，破解教学中的难点，加强学生对教学重点的理解		

教学过程（共 1 课时）

教学环节	内容	活动		备注
		教师	学生	
课前准备 （约 30min）	1. 利用超星学习通或"雨课堂"等移动教学平台，通过移动学习平台布置自主学习任务，让同学们调研军事情报分析的内容及基本任务，以	在教学平台上发布预习要求	1. 登录移动教学平台，了解课前预习任务。 2. 在知网检索并下载教师指定的文献，阅读并概括论文的主要工作	思政点：提高学生科学素养

教学环节	内容	活动		备注
		教师	学生	
课前准备 （约 30min）	及 DFT 在电子情报分析中的作用。 2. 让学生在知网检索并下载教师指定的文献，阅读并概括论文的主要工作			
课堂讲授： 环节 1：聚焦解决问题 （5min）	创设情境，提出问题。以电子战情报分析中特定辐射源识别中的包络滤波为背景，说明 DFT 的重要价值，从而引出本节课聚焦的问题	1. 展示图片：雷达包络在滤波前后的波对比，体会 DFT 的应用效果，激发学生的专业兴趣。 2. 提出问题：DFT 除了滤波之外，还可以进行频率的辨识与估算，如何实现？	回答：课前调研中 DFT 还有哪些应用？	思政点：从国防军事技术应用角度，引入对 DFT 应用的思考，有助于激发学生的学习兴趣
课堂讲授： 环节 2：激活原有知识 （5min）	1. 旧知激活： 1）时域采样、频域采样定理。 2）回忆矩形序列的 DTFT。 复习以上内容。 2. 导出数字频谱分析的基本环节	引导学生回顾时域、频域采样定理，以及时域序列加窗后的时频域变化规律	跟随教师的节奏，回忆相关知识点，并思考其与本节课的关系	旧知的回顾便于学生理解模拟信号数字频谱分析的各环节之间的相互关系
课堂讲授： 环节 3：展示论证新知 （12min）	1. 模拟信号数字频谱分析的主要环节及其对频率分析的影响。 2. 用 DFT 对模拟信号做谱分析时各参数的选择，如采样频率、信号长度、离散频率间隔、频率分辨率。 3. 数字频谱分析过程的三个问题，即频率混叠、栅栏效应及频谱泄露产生的原因及解决方案	1. 教师可演示运行程佩青老师《数字信号处理教程（第五版）》教材附带的 CAI 教学辅助软件，输入相应参数，动态观察 DFT 对 FT 逼近全过程。 2. 例题讲解：结合程佩青老师的《数字信号处理教程（第五版）》中第 207 页例 3.1 讲解不同条件下正弦波信号的数字频谱分析方法	1. 学生跟随老师的节奏，自行运行 CAI 教学辅助软件，进一步了解参数选择对频谱分析的影响，并深入体会三个问题的缘由与解决之道。 2. 跟随老师共同完成例题的学习	1. PPT 展示要点、板书推导公式，教学辅助软件演示动态变化。 2. 重点厘清频率分辨率的概念，物理分辨率与视在分辨率的异同

续附表 D-1

教学环节	内容	活动		备注
		教师	学生	
课堂讲授：环节4：尝试应用练习（15min）	以正弦波的频率测量为例，利用 MATLAB 的实时脚本，设计两种难度的练习任务（即低阶任务、变式任务）作为尝试练习的学习载体，使学生在实际工程场景中深入理解正弦波信号的数字频谱及其辨识	准备 MATLAB 实时脚本代码，指导学生按顺序完成如下任务，并学习如何辨识、估算正弦信号的频率。1. 低阶任务：输入复正弦信号与复高斯白噪声的混合信号，测算信号频率。要完成的具体任务包括信号的建模、频谱的计算及频率点的估算等。2. 变式任务：输入实正弦信号与实高斯白噪声的混合信号，测算频率，并比较实信号与复信号频谱的差别	在代码的阅读与运行过程中，进一步加深用 DFT 进行数字频谱分析的基本流程的认识，掌握数字频率点读取、估算的基本方法	事先准备好实验代码、课堂上主要是对代码的理解、运行及结果的观察，而非编制及调试代码
课堂讲授：环节5：融会贯通掌握。（5min）	完成进阶任务，即将实正弦信号与实高斯白噪声的混合信号，通过希尔伯特变换，转换成复信号的形式，并观测其与前述两种情形的差别，同时利用转换得到的复信号再进行频率辨识与估算	在教师现场演示、指导下，学生在 MATLAB 中调试运行相应的实时脚本，观察运行结果	思考问题：① 经过希尔伯特变换得到的复信号与前述低阶任务中产生的复信号有何区别？为什么存在这个区别？② 如果被观测信号的频率不在离散频率间隔的整数倍上，频率估计会不会产生误差，如何解决？	根据学生的基础能力及教学时间，如学生的 MATLAB 基础较好，可让学生自行编写代码
课堂讲授：环节6：小结与布置作业（3min）	小结与作业布置	1. 小结：数字频谱分析的主要环节及其相互关系；分析过程中存在的三个问题及产生原因、解决之道。2. 布置作业：课后作业，第131页，习题19	跟随老师节奏回顾整个教学单元知识，记录作业	

教学环节	内容	活动		备注
		教师	学生	
课后拓展	1. 完成并提交本节知识点的思维导图至课程平台。评价要求：A4 纸大小；要体现出主要概念、公式的逻辑关系。 2. 将课堂中的三段代码进行整理，并对其中的信号参数及信噪比进行调整，形成完整的脚本输入文件，转换成 PDF，上传学习通			
教学总结与反思	亮点之处： 1. 本次授课利用学习通等移动平台、MATLAB 实时脚本为载体，基于首要教学原理，设计了整个课堂教学过程。 2. 由教师参与的有关国防科技的工程项目来创设情景，引出本节课聚焦的问题，即 DFT 变换的应用及其问题，有助于提高学生的工程意识、国防意识及科技强国意识。 3. 设计了三个不同难度的练习任务，为突出重点与破解难点服务。 注意之处：因引入了 MATLAB 实时脚本，需在实验室进行教学，如条件不具备，应提前让学生自带笔记本			

后　记

随着信息技术的发展，面向智慧课堂的混合教学模式悄然兴起，师生—课程—环境等关键要素在课前、课中、课后等阶段实现重构，形成了线上线下深度融合的新型混合教学方式。特别是新冠疫情以来，以网络直播和慕课、SPOC课程平台为代表的新型混合教学模式，展现了强大的生命力，成为我国高等教育界实现人才培养目标的新动能，给传统课堂带来挑战的同时也迎来了转型升级良机。因此，如何将混合教学模式更好地融入课程的教学实践中，给学生提供更高效的教学供给，促进其智慧的生成，将是教育界共同关注的问题。

本书着眼于应用型高校专业课程课堂教学的实际场景，直面当前应用型高校普遍存在的学生学习主动性不高、课堂教学的互动性不足等现实困境，以促进学生的有效学习、深度学习为目标，基于弹性学习理论、首要教学原理、"互联网+口袋实验室"等，分别对理论、实践性及理实一体化课程等不同类型课程混合教学模式的设计问题进行了深入研究，并给出了较全面的应用案例。同时，对混合教学模式实施中涉及的教学评价、学情分析、课程思政、微课资源设计等若干问题也进行了探讨。本书对丰富混合教学模式理论具有一定的学术价值，对应用型高校教师教学与研究也具有一定的参考性。

党的二十大报告明确要求"推进教育数字化"，而智慧课堂是实现这一目标的重要应用方向，作为智慧课堂实施中的主要教学模式之一，混合教学模式是实现这一任务的微观要素。显然，混合教学模式的本身发展也受到新一代信息技术与教育教学理论发展的双重影响。2021年，元宇宙概念的一时兴起，随之，教育元宇宙的概念已应运而生；2022年11月，以ChatGPT为代表的生成式人工智能正式发布，ChatGPT技术也成为教育界的热词。这也为我们的研究提供了新的思路与方向。后续，课题组将以新技术赋能下的智慧课堂为背景，从两方面入手对混合教学模式进行研究：一方面是从信息技术的视角，持续关注元宇宙场域下的混合教学模式研究；另一方面是从教育教学理论的角度，进一步将探究社区模型、克努兹全视角学习理论等引入混合教学模式的研究与实践中。

胡国兵

2023 年 6 月